平凡社新書
1047

デジタル教育という幻想

GIGAスクール構想の過ち

物江潤
MONOE JUN

HEIBONSHA

デジタル教育という幻想●目次

はじめに……6
序章……9
第一章　ネット空間を生きる子どもたち……29
切っても切り離せないネットと子どもたち／依存性の強い無料ゲームの数々
栄枯盛衰のゲーム事情／高クオリティの無料ゲームたち
脱帽するしかない見事な仕組み／『どうぶつの森　ポケットキャンプ』
制限アプリを押し付けるのは逆効果／一緒にプレイすれば仲よくなれる
ネッ友からリア友へ／ほとんど何も知らないから信頼できる
子どものネット社会は、大人のネット社会の相似形
SNSで作るネッ友とリア友／自分自身もまた抽象・捨象により先鋭化する
抽象化の極北である片目界隈／界隈に依存した先に待ち構えているもの
捨象されるネット空間が果たす役割／問題が山積みのネット空間
第二章　学校と子どもの今……103
GIGAスクール構想のはじまり／最初から結論が決まっていた議論
所与性が崩壊していく学校／所与性の崩壊が導く学級崩壊

共同体による全人的教育という奇跡／規制を突破する数々のテクニック
所与性の低下により生じる空気の支配／広がる空気と逃げる生徒たち
砂上の楼閣のGIGAスクール構想

第三章　川下から見えてくる教育改革……149

中学生に馬鹿にされるアンケート／信じがたい議論の数々
川上の強い意志により歪む議論／勇気ある発言
高邁な理想に対しコピペで対応する生徒たち／学校に求められる三つの実現
教育委員会に流れ、そして学校に流れていく
川下から白眼視される川上の議論／軽視される川上の文書
職務を全うすれば議論は歪む／誰も知らないデジタル教科書
即刻、通知を改めるべき／川下からの進言

おわりに……226

はじめに

いつの時代でも、毒を飲むのは無辜《むこ》の人々です。垂れ流した側ではありません。

二〇二三年七月、オランダ政府が学校の教室内におけるタブレット端末・携帯電話・スマートウォッチの使用を禁止する方針を明らかにしました。同政府によると、授業中に機器を使用することで児童・生徒の集中力の低下や、成績への悪影響が生じているとしており、二〇二四年の一月より使用ができなくなります。

一方、オランダの方針とは正反対に、日本では二〇二四年度からデジタル教科書が本格導入される見通しです。デジタル後進国と揶揄《やゆ》される日本は周回遅れの様相を呈していて、デジタル化がもたらす毒に対し警戒感が薄いのです。

すでに毒を経験したためにに制限を進めるオランダと、後進国故に毒を知らず積極推進する日本との隔たりは、他国との対比においても見られます。ＳＮＳ中毒、ゲーム依存症、デマやフェイクニュースといった問題が年々深刻化するなか、毒に対し敏感な国々では急ピッチで策が練られているのです。アメリカの「子供オンライン安全法案」、イギリスの「インターネット安全法案」、オーストラリアの「オンライン・プライバシー法案」等々、枚挙にいとまがありません。

二〇一九年、世界保健機関（ＷＨＯ）はゲーム依存症を「ゲーム障害」として国際疾病に認定しました。同疾病は、アルコール依存症やギャンブル依存症と同じ「精神及び行動の障害」にカテゴライズされており、その深刻さがうかがえます。

一方、奇しくも同年、日本ではＧＩＧＡ（Global and Innovation Gateway for All）スクール実現推進本部が設置され、拙速に議論が進みタブレット端末が子どもたちに配布されました。ＧＩＧＡスクール構想とは、一人一台端末と高速大容量の通信ネットワークを整備することで、教科学習だけに限らず、さまざまな場面で生徒たちが制限なく自由にＩＣＴ機器（ＰＣ・タブレット端末・電子黒板のような情報通信機器）を使えるような学校を目指す教育改革のことです。ここでもやはり、諸外国がブレーキをかけ始めたのとは反対に、アクセルを思いっきり踏み込んだ姿が見て取れます。そして案の定、学校や家庭では問題が噴出しています。二〇二四年度にデジタル教科書が本格導入されることで、この問題がさらに深刻化することは想像に難くありません。

このまま問題が放置され続ければ、国の政策が教育荒廃を招いたうえに、子どものネット中毒やゲーム依存症を深刻化させる一因になったとして後世で語られることになるでしょう。そういった理由で、これは広い意味での公害問題であるとさえ言えます。

序章

ＧＩＧＡスクール構想の話を耳にしたとき、タブレット端末を生徒全員に配布したうえに自由に使わせるとは、なんて無謀な試みだろうかと思いました。少人数で、しかも優秀な先生や生徒が集うクラスならば十分に使いこなせるでしょうが、そんな学校は例外だからです。

一応、タブレット端末にはフィルター機能が搭載されていますし、学校側はきちんと管理しようと努力はしています。タブレット端末を配布するにあたり、対策を取っていることは確かです。

しかし、その規制の網の目は粗くて脆《もろ》いため、くぐり抜けるのは容易です。インターネット上に転がる知識を参考にして試行錯誤を繰り返せば、たちまち規制は突破できます。そして一人の生徒が抜け道を発見すれば、瞬く間に学校中に広がりもします。授業中にタブレット端末で遊びたいと考える子どもたちの情熱はすさまじく、学校側が十分な対策を取るのは極めて難しいのが実情です。なかには対策を諦めてしまい、そもそもタブレット端末をほとんど使わないという強硬手段を取ったり、タブレット端末で遊ぶ子どもたちを見て見ぬふりをしたりするケースもありますが、それはそれで致し方がないでしょう。

GIGAスクール構想は、情熱と希望で満ちています。そこで描かれている理想は美しく、誰しもが拍手喝采を送る素晴らしいものです。しかし、その輝かしい姿は、ドロドロとした現場やネットの毒を軽視したからこそ描けることもまた事実。そんな理想論を押し付けられた現場としては、理想を語るのは机上だけに留めてくれと言いたくもなるでしょう。面従腹背的にタブレット端末を封印してしまうのも無理はありません。

私が開業している学習塾でもまた、授業中にクラスの同級生たちが、思い思いにタブレット端末を使い遊んでいるという話が数多く聞こえてきます。YouTube、S

NS、オンラインゲーム等々、その使い道は実にさまざまです。タブレット端末という魅力的な玩具が目の前にあれば、ついつい授業中に遊んでしまうのも仕方がありません。

タブレット端末からアクセスできるSNSやゲームの世界は、ユーザーが依存してしまうように設計されています。SNSもゲームもともに、心理学者をはじめとした専門家の知見を応用し、ユーザーをスマートフォンやタブレット端末に釘付けにするべく、数多くの策が講じられているわけです。意志の弱い子どもたちがSNSやゲームにのめり込んでしまうというよりも、膨大な労力・時間・金を費やした大人たちの企ての結果と考えた方が正確です。

昔から授業中にこっそり漫画を読む生徒がいたように、タブレット端末があろうがなかろうが学習意欲がない生徒はサボるのだから、本質的には今までと変わらないという主張も見られます。しかし、これは依存性のないジュースと、依存性の強い酒を同一視しているようなものであり、とんでもない話です。同じように禁じられた飲み物だとしても、依存性のある酒を我慢する方が難しいのは火を見るよりも明らかです。そもそも、タブレット端末の過度な利用がネットやゲームへの依存リスクを高めるのですから、漫画本とタブレット端末を同一視してよいはずがありません。

配布されたタブレット端末は、隠れてSNSやゲームをするのにもってこいの存在でもあります。なにせ、学校から配られたものですから、タブレット端末を使用して宿題をしているのだという言い訳が成立します。子どもたちからすれば、絶好の免罪符を手にしたようなものです。家庭の方針でICT機器から遠ざけられていた小中学生に至っては、垂涎《すいぜん》の的であったタブレット端末が、それも学校からのお墨付きで手に入るのですから万々歳でしょう。

次に引用する新聞報道は、導入されたタブレット端末により混乱する、学校現場の今を伝えたものです。タブレット端末をほとんど使用しないという強硬手段を取る学校もあると先述しましたが、同記事を読めば、その強引な対策にも共感ができると思います。

「授業中でしょう。もうやめなさい」

3月上旬、東京23区内の区立小学校の5年生のクラスで、40歳代男性教諭の声が響いた。総合学習の時間で、個々に調べ学習をしていたが、1人の男子児童は、インターネット上の無料ゲームに興じていた。以前から何度も注意をしてきただけに、この日は端末を取り上げたが、男児は職員室まできて「返して」と繰り返し訴えた。

高学年の間では、端末でプレーできるゲームの情報が出回り、授業中にもかかわらずネットのゲームやマンガにはまる児童がクラスに4、5人はいる。男性教諭は「注意するたびに授業が中断し、遅れる。他の子供たちが落ち着かなくなる影響もでている」と危機感を募らせる。

中学校でも異変が起きている。北陸地方のある中学校のデジタル教科書を使った授業。クラス全員が前を向き静かにしているが、一部は端末で授業に関係のないネット動画を見ている。

校長は「教壇からは端末で何をしているか分からず、簡単にネットが見られてしまう」と嘆く。教員が気付いてやめるよう声をかけても「うるせえ」と逆切れする生徒もいるため、半ば黙認しているという。（中略）
端末が配備されたことで、小学生もネットを気軽に使えるようになった。内閣府の21年度調査では、小学生がネットを利用する媒体は、スマホの39％に対し、「学校に配布・指定された端末」が50％で上回る。厚生労働省の調査では、中高生の7人に1人がネットに依存している疑いがあり、より自制心の弱い小学生に広がる恐れもある。
（「学習用端末で授業中に無関係な動画、指摘すると生徒は『うるせえ』と逆切れ…半ば黙認する教員」読売新聞、二〇二二年四月一九日）

この記事からも、GIGAスクール構想により、子どもたちとICT機器の距離が明らかに縮まり、そして種々の問題が生じていることが分かります。
その一方、アップルの創業者であるスティーブ・ジョブズは自分の子どもたちに対し、タブレット端末の利用を厳しく制限していました。ジョブズだけでなく、S

NSの開発に関わった専門家やゲームデザイナーたちもまた、同様に距離を取っているという話はごまんとあります。人が依存するよう設計した側であるが故に、その強い依存性を誰よりも知る彼らは、酒やドラッグを遠ざけ依存症を予防するかのごとく、意図的にICT機器から距離を置いているのです。

人を依存させている側、つまり毒を垂れ流している側はその恐ろしさを知っているため、毒を飲もうとはしません。いつの時代でも毒を飲むのは、毒を作ったことのない無辜の人々なのです。毒を知っている側は遠ざけ、知らない側へは能天気なまでに摂取を推奨するとは随分と間抜けな話ですが、その推奨をしている人々が、あろうことか国の教育政策をリードする政治家や有識者なのですから笑えません。

私自身、違った角度から毒性の強さを実感した一人なので、ICT機器やSNSの利用には慎重になっています。

かつて私は、『ネトウヨとパヨク』（新潮新書、二〇一九年）、『デマ・陰謀論・カルト――スマホ教という宗教』（新潮新書、二〇二二年）という、ちょっと過激なタイトルの本を執筆したことがあります。双方ともに、ネット上で極端な主義主張や、荒唐無稽な世界観を有してしまった人々をテーマとしたものです。

開発者の思惑通り、SNSに依存してしまった人々がネット上の特定のコミュニティに沈潜する。考えが同じ人々が集うため同様の主張・データが蓄積され、考えは偏狭になっていく。が、同時に理論武装が進むうえに、コミュニティ内のメンバーから賛意が集中することで、あたかも大勢が支持する素晴らしい主張に思えてくる。そして、一部の世界でしか通用しないはずの特殊な主張は「ごく普通で真っ当なもの」となり、最終的には「隠されていた真実」だと認識するに至る——。大まかに言えば、このように人々はネット上で先鋭化していきます。「特殊」が「普通」になり、果てには何ものにも優先すべき「真実」になり社会と衝突するという構図は、ネットの毒を理解するうえでのポイントです。

高い知性・社会的地位・徳性を有していた人々でさえ、荒唐無稽な主義主張や陰謀論に染まっていく過程を目の当たりにした私は、SNSをはじめとしたネット社会の毒性を強く認識し、一定の距離を置く必要性を痛感しました。二〇二一年に起きたアメリカ連邦議会議事堂襲撃事件をはじめ、ネット上のデマ・フェイクニュース・陰謀論に染まった人々が国内外で事件を起こしている昨今、そのリスクが社会を揺るがすレベルに達していることは論を俟《ま》ちません。

しかし、私はネットの全てが悪いとは決して思いません。それどころか、生徒たちには必要だとさえ感じています。

開塾以来、私は一貫して不登校児を積極的に受け入れてきました。その旨をホームページやチラシに明示し、受け入れる際には特別な配慮をしてきました。学校に居場所を作れなかった彼らにとって、塾という空間をサードプレイス（第三の居場所）にする意味は非常に大きいと考え、とにかく快適に通塾できるよう心掛けてきました。

居場所なくして、人間は生きていくことができません。科学的なデータや人文学的な知見を引くまでもなく、それは自明のことです。そしてだからこそ、特に不登校の生徒にとっては、ネットが大切な空間になりうるわけです。

まるで友達と公園で遊ぶかのように、彼らはボイスチャットを使いながらオンラインゲームを楽しみ、そして放課後に取りとめもない無駄話をするかのごとくSN

Sでメッセージをやりとりします。ネット上であることを除けば、私たち大人が子どもの頃にやってきたことと何ら変わりありません。ネットのおかげで、そんな大切な友人との交流を、不登校児でも容易に体験できるようになりました。

遊び相手としてだけではなく、悩みを相談できる相手としてもネッ友（インターネット上での友達の略称）は大切な存在です。学校には相談できる同級生がおらず、難しい年頃ということもあって不安を家族に吐露することもできない。そんななか、自分の心境を素直に話すことのできるネッ友が果たす役割は計り知れません。数多くの不登校児が、ネッ友の存在に救われていることは確かなのです。

不登校ではないものの、学校に嫌気がさしている生徒たちにも同じようなことが言えます。教室を支配する空気の読み合いに煩わしさを感じたのか、学校の友人（リア友）よりも、ネッ友の方が楽でよいとする本音も聞こえてきます。小中学生にとってネッ友は身近な存在になっている今日、私たち大人が想像する以上に、ネット上には居心地のよいサードプレイスが広がっています。

この居場所を、ほどよく利用するのであればよいと思います。心を安らげるための止まり木であれば、それは素敵な場所だとも思います。しかし、仮住まいではなく心の拠り所となり、自宅（ファーストプレイス）や学校（セカンドプレイス）よりもずっと大切な居場所になると、事態はややこしくなります。たまたま見つけたネット上のサードプレイスに一定の良識があればよいのですが、もしも歪んだ価値観が支配する場であったとしたら、心の支えとなる薬としての居場所は毒に転じるからです。

子どもたちからすれば、歪んでいたとしても貴重な居場所にほかなりません。是が非でも居場所の一員となるべく、その偏狭な価値観を我が物にする可能性が高い。その価値観がサードプレイス内で留まっていればよいのですが、外の社会にもにじみ出た途端、問題は顕在化していくことでしょう。

SNS中毒・ゲーム依存症・偏狭な居場所以外にも、ネット上にはさまざまなリスクが潜んでいます。

ある日のことです。生徒たちと雑談をしていると『斉藤さん』が流行っているという、ちょっと不可解な話が聞こえてきました。根掘り葉掘り話を聞いてみると、どうやら『斉藤さん』はお笑い芸人や歌手のような人間ではなくてスマホのアプリのようで「なんかキモイおやじが出てくるから、死ねとか気持ち悪いとか言って遊ぶ（笑）」のだそうです。

何か不穏なものを感じた私は、その『斉藤さん』を調べてみることにしました。たしかに、『斉藤さん』は見ず知らずの誰かと気軽にトークができるアプリでした。匿名のユーザー同士をランダムに繋ぎ、テレビ電話をするようなイメージです。しかし、その機能を悪用した一部の人々が、自らの性的欲望を満たすために使用するという事例が多発していました。女性と繋がったことを確認した後、自らの性器を露出するといった行為に及ぶ悪質なユーザーが多数存在しているのです。ちなみにですが、こうした行為は「チン凸《とつ》」と呼ばれており、『斉藤さん』以外のアプリやSNS上でも見られる現象です。

中高生という多感な年頃に、ちょっと危険な遊びをしてみたくなる気持ちは分かりますし、むしろそれは健全だとさえ言えます。またいつの時代においても、一定数の露出狂がいることも確かでしょう。そして両者の需要は、『斉藤さん』というアプリが歪《いびつ》な形で容易に満たしているわけです。露出狂との会話が面白いコンテンツになると踏んだユーチューバーたちが、その内容を動画にして投稿し、若者から一定の人気を博していることもまた、両者の需要を満たすのを後押ししています。

一方、明記するまでもないとは思いますが、この一連の構図で得をしているのは露出狂とユーチューバーであり、中高生たちでは決してありません。性的搾取とまでは言えないものの、ネット上で露出狂と遭遇することは「ちょっと危険な遊び」の範疇を超えていますし、生徒たちに何らかの悪影響が及ぶことは想像に難くありません。危険への挑戦が子どもの発育には必要であるとする論は根強くありますし同意しますが、さすがにこれは論外でしょう。

あまりにも便利であり、数多くの利益をもたらすネットであるが故に副作用は大きく、そしてそれは思いもよらない形で人々に降り注ぎます。『斉藤さん』にしても、これほど多くの露出狂に悪用されるという事態は、開発者からすれば想定外だったのではないでしょうか。ユーザーが自由自在にネット上のサービスを利用し、面白い活用法が判明すれば即座に拡散していくため、予期せぬ事態が頻発するわけです。さまざまな意味で、リスクマネジメントは困難を極めます。

縦横無尽にネットを使いこなす子どもたちを見ていると、私はバナナを連想することがあります。

バナナには、スイートスポットと呼ばれる黒い斑点があります。適度な数の斑点は、おいしいバナナの証拠であるとされているようです。

ネット上の居場所や、ネットを通じて得た多方面の知識は、まさにスイートスポットのようであり、それらは日々の生活（バナナ全体）を豊かなものにします。ネットを使いこなせれば、そんなスイートスポットは増えていくことでしょう。

しかし、この黒い斑点が全体を覆うようになると、バナナは腐ります。心の支えとなるネッ友は大切な存在であるものの、そこに依存すればリスクが生じるようにです。

私の塾の生徒が加わっている、ネット上で数学に関する有益な情報をやりとりしている受験生グループもまた、そんなスイートスポットの一つです。そのグループに参加している生徒の答案を見てみると、こんな解法をよく知っているなと感心することもあります。彼はネットを上手に駆使し、順調に学力を上げています。が、その斑点が全体を侵食するかのごとく、あまりにもマニアックな数学の知識ばかりを求めるようになった途端、負の副作用は増幅します。グループ内で数学の勉強熱が高まるあまり、他の教科をおざなりにしてしまい全体の学力が下がるというケースはその典型です。ネット上の居場所を大切にしてもよいのですが、その外にある全体を軽視したり、そこで是とされている価値観を妄信したりしてはならず、あくまでも黒い斑「点」であるスイートスポットは、全体のなかの一部に過ぎないことを忘れてはなりません。

少し視点を変えて考えてみると、ネットは薬のような存在にも思えてきます。子どもたちの心を癒しているように、その効用は大きい一方、用量用法を間違えると副作用が大きくなり害が生じます。

だからこそ、GIGAスクール構想には細心の注意が求められます。現場という名の川下にいる、子どもたちとネットの今について十分な理解をせず導入を進めれば、たちまちタブレット端末は毒に転じ、それは川上から川下に流れることでしょう。

しかし、大変残念なことに、同構想に関する膨大な議事録・資料を読み込めば読み込むほどに、暗澹たる気持ちになってしまいました。失礼ながら、これは本気で言っているのだろうかと困惑するくらい、あまりにも現場感覚のない主張が数多く見られたのみならず、まるで信憑性のないデータを鵜呑みにし、しかもトンチンカンな解釈をする委員たちが散見されたのです。

この光景は、私には既視感がありました。二〇一七年に上梓した拙著にて、二〇二〇年に予定されていた大学入学共通テストへの記述式問題導入は失敗すると断言していたのですが、その時と全く同じ状況だったからです。この時も、川下から見れば当然すぎる問題は不当に軽視され、高邁で美しい理想が存分に語られたのでした。そして、その問題は放置されたまま川下にどんどん流れていき、実際に作問する段階で対処不能に陥り、導入される予定であった約一年前に記述式問題の導入は頓挫しました。

一般的に川上の水はきれいであり、そこから多少の毒なりゴミが流れたとしても、さしたるものには感じないのでしょう。川下の人々とは違い具体的に実施するわけではありませんから、現実的な課題は脇に置いておき、あるべき教育について理想論を語ることもできるのでしょう。

しかし、たとえ少量だとしても、無理難題という名の毒が川上から断続的に流されていけば、川下の水質は著しく悪化します。そんな劣悪な環境に身を置く先生たちの悲痛の声が、ようやく市井の人々に届くようになった昨今、水質の悪化は限界に達しているように思います。そして何よりも、この毒は川下で成長の途上にある子どもたちに及ぶことを忘れてはなりません。

私が想定する最悪のケースは、次のとおりです。

制限なき使用を躊躇《ちゅうちょ》する現場に対し、自由にタブレット端末を生徒に使わせるべく政財界から文部科学省、教育委員会、各学校という順に、これまで以上に強い命令が下る。これに屈した学校が、問題を承知のうえでタブレット端末を自由に使わせる。授業中や休み時間中、好き放題にタブレット端末で生徒は遊び続けるもの の、アクセス規制を突破する能力に長けた生徒たちの管理は極めて難しいため、指導を断念し、先生は見て見ぬふりをする。上からの命令に面従腹背的に応じつつ、制御不能な生徒の管理監督を放棄することで業務量を縮減できる先生と、タブレット端末で遊びたいという欲求が満たされる生徒との間に、歪なwin-winの関係が形成され状況が安定してしまう。結果、家庭・学校で四六時中タブレット端末やスマホを使用する生徒が続出し、種々の深刻な問題が生じてしまう——。大げさに聞こえるかもしれませんが、すでにこのシナリオが進行している学校現場が、私の周りだけでも複数存在しています。先に引用した読売新聞の記事にしても、もはや先生方は白旗を上げているように、この最悪のケースに突き進んでいると見なしてよいでしょう。

繰り返しになりますが、これはかつて日本で生じた公害問題と同種の問題に発展する危険性を孕んでいます。第二章にて後述するように、GIGAスクール構想の背景には、成長戦略であるSociety 5.0構想が存在しますが、そんな同構想を政財界が強引に推進する姿は、多少のデメリットは黙認し経済成長を優先したことで生じた公害問題と同型でしょう。

ここ一〇年程度で一気にスマホが普及した現代は、後世から見れば、急激な社会の変化に対応できずに右往左往した過渡期として分類されるはずです。高度経済成長期で生じた環境問題や交通戦争への対応に苦慮したように、過渡期においては国の対策が間に合わず被害が拡大してしまうのが常です。同じ歴史を繰り返さないためにも、タブレット端末を学校で制限なく自由に使わせるという基本方針は、撤回・修正するべきではないでしょうか。

第一章　ネット空間を生きる子どもたち

切っても切り離せないネットと子どもたち

本章では、まずは基本的なデータを紹介しつつ、今を生きる子どもたちはどのようにネットを活用しているのか、具体的なエピソードを交えながら記したいと思います。

内閣府による『令和4年度 青少年のインターネット利用環境実態調査』によると、インターネットを利用すると回答した高校生、中学生、小学生（一〇歳以上）の平均利用時間（平日一日あたり）は、それぞれ五時間四五分、四時間三七分、三時間三四分となっており、もはやネットは単なるツールというよりも、生活の一部になっていることが分かります。一週間に三〇時間、つまり一日あたり約四・三時間をネット利用に費やす人は、ネット依存の兆候があるとも言われていますので、高校生に至っては相当数の生徒に黄色信号が灯っている状況です。

また、利用時間（平日一日あたり）が七時間以上に達している子どもの割合は、それぞれ二八・二％、一七・四％、八・九％となっています。細々とした計算をするまでもなく、これではもはや、風呂や食事や睡眠といった最低限必要な時間を除けば、肌身離さずネットを利用しているような状態だと考えてよいでしょう。

そんなに長時間、何に使っているのかと不思議に思われるかもしれませんが、今や中高生たちの可処分時間は企業による草刈り場になっていることもあり、いくらでもネット上で時間を消費できます。あの手この手で時間を使わせようと画策する企業が数多くあるわけですから、ネットの利用時間が膨れ上がるのは必定でさえあります。ネット漬けになっている生徒を見ると、受験勉強における最大の障壁は、実のところスマホなのではないかとさえ思えてくるほどです。

無料で読める漫画アプリは、そんな時間泥棒の一例です。既存の週刊誌で連載されている漫画や、かつて掲載されていた漫画、またはアプリ・オリジナルの漫画が無料で読めるという大変にお得なアプリが多数存在しているのです。

それらの多くは、一日あたり読める話数に上限があり、それを超えて読む場合には広告動画を再生したり課金したりする必要があるものの、策を弄せば相当な話数を無料で読むことができます。なかには、スマホを二台、タブレット端末を一台用意したうえに、それぞれに五つの漫画アプリをインストールすることで、一日に無料で読める話数を増やしている生徒もいました。一つのアプリあたり無料で三話読めるとすれば、一日に四五話も読める計算になります。漫画の単行本は一巻で一〇話前後ですから、この生徒は毎日、四巻以上の漫画を読んでいることになります。ここに広告動画を視聴することで得られる話数も含めれば優に五巻以上になりますから、漫画だけで相当な時間を費やすことになるでしょう。

こうした利用法は規約に反しているおそれがあり、厳に慎んでほしいと思いますが、この手のテクニックを使っている生徒は少なくありません。中高生たちの情報網はすさまじく、お得な情報はあっという間に広がります。

自室で常時、友人や恋人と無料通話をすることが常態化しているケースに至っては、一日七時間という長い時間であっても、瞬く間に消費することができます。特定のアプリを利用すれば、無料通話をしながら一緒にゲームをしたり、画面を共有することで同じYouTube動画を楽しんだりできますので、まさに四六時中、友人や恋人とネットを介して過ごすことができます。多感な年頃の中高生に恋人ができれば、アプリをフル活用して常に繋がっていたいと思うのは自然なことであり、自制心が働かないのも無理からぬことです。

一方、アプリを上手に利用し、日々の学習に生かすこともできます。たとえば、通話状態のスマホを机上に固定し、自分が勉強している姿を通話相手の画面に映し出すことで、勉強をさぼらないように互いに監視をするという方法です。これをグループで実施すれば、たちまち自室がオンライン自習室に変貌を遂げますし、分からない問題があれば友人に質問をすることもできます。また、一緒にオンライン自習するメンバーをSNS上で募集しているユーザーもいますので、見ず知らずの受験生たちと一緒に勉強をすることも可能です。ここで集ったメンバーもまた、広い意味でのネッ友になるかと思います。

私の塾でも、新型コロナ禍による緊急事態宣言を受けて休塾した際、オンライン自習室を開いてみました。一定のルールを設ければ有益な取り組みになるという感触を得ましたし、生徒たちからもおおむね好評でした。実際、この仕組みがビジネスチャンスになると考えたのか、有料でオンライン自習室を提供している企業の存在も確認できます。

一方、不本意ながら常時繋がってしまうというケースもあります。特に女子中高生の場合、いろいろと面倒な人間関係があるため友人からの無料通話の申し出を断ることができず、深夜まで同級生の話を聞かざるを得ないことがあるようです。これは第二章にて後述しますが、空気を読み合う教室という名の厄介な空間は、スマホの普及により新しい局面を迎えています。

依存性の強い無料ゲームの数々

大人からすれば、ゲームは男子の遊びといったイメージがあるかもしれませんが、今やそんなことは全くありません。驚くほど多くの女子生徒がゲームを楽しんでおり、一つのゲームのプレイ時間が数百時間どころか、一〇〇〇時間に達したという信じがたい話さえ聞こえてきます。世界保健機関がゲーム依存症を「ゲーム障害」として国際疾病に認定したことが象徴するように、ゲーム依存のリスクはあらゆる人々に及んでいます。

さて、それではなぜ、ここまでゲームにはまってしまうのでしょうか。ファミコンのような家庭用ゲーム機が主流だった時代とは違い、どうしてゲーム依存症が「ゲーム障害」という疾病と見なされるほど、深刻な問題になってしまったのでしょうか。

ここでもやはり、現実世界における居場所に一つの要因を見出すことができます。ゲーム依存症治療の第一人者である久里浜医療センター名誉院長の樋口進氏は、同センターで実施された論文調査（二〇一六年五月までに出版された「ゲーム障害」に関する疫学研究の英語論文を調査）を整理し、ゲーム依存の「防御要因（ゲーム依存になりにくい人）」として次のように述べています。

この研究は、従来のゲーム依存の中心層であった中高生を対象にしているため、成人の方であれば「学校」を「会社」など所属する組織に変えて考えてください。

・社会的能力（social competence）が高い
・自己評価（self-esteem）が高い
・行動の自己コントロールがうまくできている
・学校でうまくクラスに溶け込んでいる
・学校が楽しいと感じる

現実生活が充実していて自分のアイデンティティーを確認しやすい人や、現実生活の中に自分の居場所があると感じている人が、ゲーム依存に陥るケースは稀《まれ》です。

（樋口進著『スマホゲーム依存症』内外出版社、二〇一八年）

同書で樋口氏は、繰り返し「現実逃避」という言葉を用いています。患者に依存のキッカケを尋ねると「現実逃避」という答えが非常に多く返ってくるのだそうです。学校や家庭で問題を抱えた生徒ほど、ゲームやネットに依存しやすいという感触を私も持っていますので、同氏の主張には強く共感しました。

現実の問題から目を背けるのに、いつでも・どこでもプレイできるスマホゲームは最適です。

『Call of Duty』という、中高生から根強い人気のあるゲームもまた、そんな現実逃避に適したものの一つでしょう。

同ゲームは「FPS」や「バトロワ系」と呼ばれるジャンルに属しており、類似したゲームが数多く確認できます。各学校・学年により流行り廃《すた》りはありますが、『Call of Duty』と同種のゲームは定番中の定番です。

「FPS」とは、一人称視点のシューティングゲームを指します。シューティングゲームの「バトロワ」、つまりバトルロワイヤルですから、銃のような武器を使い、自分以外の全てのプレイヤーを倒すことが目的となります。

この手のゲームの場合、マリオブラザーズやドラゴンクエストのように、画面上に映し出されたキャラクターを第三者として操作する（三人称視点）のではなく、そのキャラクターの視点が画面に映し出され操作をします（一人称視点）。キャラクターの姿は相手プレイヤーにしか見えず、完全に操作するプレイヤーになりきっている状況です。３Ｄ空間を走ったりジャンプしたりすれば画面が揺れ動き、銃声が鳴れば、どの方角にどの程度の距離で銃撃があったかがイヤホン越しに聞こえてきます。三人称視点のゲームと比べ高い没入感を味わえるわけです。

そのうえ、いつどこで敵に狙われるかもしれない、または倒すべき敵が隠れているかもしれないという状況が、息をつく暇もない忙しさをもたらします。そしてそれ故に、勝利するためには高い集中力が要求されますので、現実世界のことなんて考えている暇はありません。高い没入感も相まって、現実逃避にはうってつけなのです。頭から離れない不安に襲われる日々も、この類のゲームをしている最中であれば忘れることができるでしょう。

栄枯盛衰のゲーム事情

かつて、アーケードゲームやファミコンのような家庭用ゲーム機に夢中になっていた方々は多いと思います。今も昔もゲームは子どもたちに人気であり、その点は変わりありません。

しかし、流行するゲームのタイプには違いが見られます。特に、ドラゴンクエスト（ドラクエ）やファイナルファンタジー（FF）といったロールプレイングゲーム（RPG）の人気は明らかに落ちており、隔世の感があります。人気のあまり、いわゆる抱き合わせ商法やカツアゲが社会問題となったドラクエシリーズでさえ、学校で大流行しているといった話は聞こえてきません。

こういった変化の原因は、ドラクエやFFがつまらなくなったため、というわけではないと思います。ネット社会の到来と、そこに最大限適応したゲームたちが、あまりにも子どもたちにとって魅力的であるためと考えた方が上手く説明がつきます。

かつて子どもたちにとって、ゲームの攻略情報は重要かつ貴重なものでした。とりわけ難易度の高いゲームについては、事実上、一人でクリアーするのが困難なものもあり、ゲーム仲間との協力プレイは必須でした。

一九八四年頃、ゲームセンターに登場したアクションRPG『ドルアーガの塔』もまたそんなゲームの一つです。「しばらくレバー（コントローラーの十字キー）を動かさず放置する」「レバーを一方向に入れっぱなしにする」「四体のモンスターを決められた順番に倒す」「その場で剣を連続で振る」といった不可解なことをノーヒントでしないとクリアーできないため、考えうることを総当たり式に試みるしかありません。四体のモンスターの倒し方一つを取ってみても、その順番は二四通りあるように、こんなことを一人でやっていては時間がいくらあっても足りないわけです。そ
しかし、不可解な行為ではあるものの、偶然発見しうるレベルではあります。そしてこの絶妙な難易度が、ゲームを愛好する若者たちを刺激したのでしょう。攻略情報を仲間と交換したり、ゲームセンターに備え付けられたノートに記載したりすることで知識を共有するという、さながらチーム戦の様相を呈しながらクリアーするゲーマーが現れます。さまざまな要素が偶然かみ合った結果なのかもしれませんが、仲間たちと協力してゲームクリアーを目指すという熱気や楽しさが、そこにはあったわけです。

『ドルアーガの塔』は、その難易度を含め、やや極端な例だとは思います。が、国民的人気を誇ったドラクエシリーズにおいても、同じような現象が生じました。クリアーするための情報を友人間で共有しあうことで、あたかもプロジェクトチームを

組み、ゲームクリアーという共通の目的に向かって走るという楽しさがありました。

また、隠しアイテムを入手する方法や、最後のボスよりも強い裏ボスと戦う方法についても、『ドルアーガの塔』の攻略ほどではないにせよ、やはり小中学生が自力で見つけるのは難しいものでした。だからこそ、その困難を克服した子どもたちは賞賛を浴び、あっという間に情報は広がっていきました。この時代において、いち早くゲームを攻略することは、子どもが承認欲求を満たすための一つの手段でもあったのです。

ところが、発売日からほどなくして攻略情報がネット空間を飛び交う現代においては、こうしたことは当てはまらなくなってしまいました。どれほどの難題だとしても、すでに答えがネット上に転がっているため、友人と協力して謎を解くというダイナミズムを味わうのは難しくなっています。

高クオリティの無料ゲームたち

子どもたちの間でＲＰＧの人気が低下する一方、スマホやタブレット端末で無料でプレイができるゲームの人気は高まっていきました。Nintendo Switch でプレイできる『大乱闘スマッシュブラザーズ SPECIAL』や『スプラトゥーン3』や『Minecraft』のような、大人気の有料ゲームと引けを取っていない印象です。経済力のない子どもにとって、無料という要素は非常に大きい。

しかも、こうした無料ゲームのクオリティは決して低くありません。一人で数十万円以上もの課金をするヘビーユーザーたちが、無料でプレイする大勢のユーザーたちを支える構図になっているため、無料かつ高品質という、子どもにとっては夢のようなゲームが誕生したわけです。こうしたビジネスモデルは「フリーミアム」と呼ばれ、五％の課金ユーザーがいれば成立するとも言われています。

ここでのポイントが、ヘビーユーザーがいるから無料で利用できるという点です。つまり、無料ゲームを提供し利益を得るためには、一定数のユーザーをゲームに依存させ、多額の課金を引き出すという戦略が合理的になります。ユーザーをゲームに依存させるべく企業努力を重ねているわけですから、子どもたちが過度に熱中してしまうのは致し方がありません。

そんな無料ゲームには、よくありがちなパターンがあります。そしてそのパターンには、ユーザーをゲームに依存させるための多種多様な仕掛けが見て取れます。

多くの無料ゲームの場合、起動するとチュートリアル（初心者向けの解説）が始まります。丁寧な説明に導かれゲームを進めれば、ゲームの概要が理解できるように工夫が施されているわけです。説明書を読む必要もなく、ゲームを始めるための労力は可能な限り低減されています。

チュートリアルに沿ってゲームを進めていくと、報酬が貰えたりレベルがアップしたりします。ゲーム内には数多くのミッション（達成すべき目標）があり、それらをクリアーするとご褒美が手に入るのです。仮に全てのミッションをクリアーしても、雨後の筍のように新しいミッションが次々と発生するため、「報酬を得たいのでゲームを進める」という図式は半永久的に維持されます。オフラインのドラクエやFFのようなゲームとは違い、基本的にゴールがないという特徴があり、人々がゲームに依存してしまう要因にもなっています。

なかには、報酬を使うことで「ガチャ」と呼ばれるくじ引きのようなものを利用できるゲームもあります。使用すると強いキャラクターや魅力的な道具が手に入るのですが、入手できるものはランダムに決まるため、欲しいものを手に入れるには幾度となくガチャを利用しなくてはなりません。

以前から、このガチャは射幸心を刺激するギャンブルと類似したものだとして問題視されていました。当たりを引いたときの大きな喜び、外したときの失望、そして引く前の期待感が絶妙にかみ合うことで、人をゲームに依存させているといった批判が方々から出ていました。ガチャを法によって規制している国もあり、日本国内でも法規制すべきとの声もあります。

大抵の場合において、課金をすれば何度でもガチャを引けることもまた、問題を根深いものにしています。どれほど多くの時間を費やしても、課金をしないと上級者になれないゲームも多く、依存するほど高額の課金をしてしまうリスクは膨れ上がってしまうのです。

脱帽するしかない見事な仕組み

私は生徒たちに勉強を教える立場で、子どもの学習意欲を高める方法について、試行錯誤をしながら知見を積み上げてきました。たくさんの本を通じ得た知識を応用し、いかにして「やる気」を引き出せばよいのか考えながら、あれこれと実践してきました。やる気に関する問題は、親御さんや子どもたちからの関心が非常に高いこともあって、大抵の質問に対しては答えられるよう準備をしており、それなりに自信があるつもりでした。科学的なデータと現場から得られる感触が重なったところに有益な方法があると考え、自分なりに整理をしてきたわけです。

しかし、無料ゲームの見事な仕組みには参りました。私が今まで得た知見の大部分が、すでに無料ゲームのなかで見られるものだったからです。それどころか、決して真似しようのない、徹底した対策が施されているのを目の当たりにし、もはや脱帽するしかないというのが正直な感想です。それほどまでに、「ゲームのやる気」を起こさせる仕組みとして、無料ゲームは非常にレベルが高い。

目標は高ければ高いほどよいという俗説があります。「少年よ大志を抱け」という名言のとおり、若者は青雲の志を持つべきという認識は広く共有されているように思います。

ところが、こと学習に関して言えば、高すぎる目標を立ててもよい結果は期待できません。よほど強い意志を持たない限り、そのうち挫折して目標もどこかへ消し飛んでしまうからです。ゴールまでの道筋が全く見えない霧のなか、何らかの報酬や成長の実感もなく前に進めるほど人間は強くないようです。

適切に目標を設定するには、青雲の志とは全く逆の発想が必要です。つまり、必死に努力をしないと達成し得ない大きな目標ではなく、ちょっとの努力で達成できる小さな目標を立てるのです。それも、一つの目標が達成されれば、同じような小さな目標が次から次へと設定されるよう、工夫をするのが望ましいでしょう。ただ目標があるだけでなく、達成と同時に報酬や成長の実感があればなおよしです。また、その報酬の価値・多寡がランダムで決定されれば射幸心を煽れますので、より一層、報酬のため勉強に励むことでしょう。しかしここまで来ると理想論であり、現場レベルで実施するのは容易ではありません。

最初の三分間もまた、重要なポイントです。

不思議なことに、あれほど始めるのが億劫だった勉強でさえも、一度始めれば意外と一時間くらいできてしまうものです。そういう意味では、たった三分間でもよいので、まずは勉強をしてみることが大切になってきます。三分間やってみて、それでも全くやる気が起きなかったらやめてよいというルールの設定も有用だと思います。

また、やや難しいのですが、やる気を引き起こすためのスイッチを作るのも一案です。梅干しを見れば涎《よだれ》が出るのと同様に、これさえ見ればやる気が起きる何かを作ってしまうのです。

このスイッチは、コーヒーを飲む、ジャージに着替える等々、どんな行動でも構いません。たとえば、やる気で満ち満ちているとき、たまたま聴いていた音楽とか、偶然着用していた服とか、舐めていた飴玉などはポジティブなイメージが付きやすいためか、スイッチとして上手く機能しやすいようです。

だから、意欲が十二分にあるときはチャンスと考え、是非ともスイッチになるような何かを探してみてください。その後、「この服を着たら集中して勉強をする」

といったルールを作って守り、それが習慣化すればスイッチ作りは成功です。このスイッチは、特定の行動・感情を引き起こすトリガーのようなものであり、使用することで生じる現象はアンカリング効果とも呼ばれています。

さて、こうしたやる気を出すための方法ですが、そっくりそのまま無料ゲーム内で確認することができます。それも、非現実的な理想論だと思われた方法でさえもです。

たとえば、ログインするだけで報酬が貰えるという仕組みは、とりあえず三分間勉強をしてみるという方法よりも遥かに強力でしょう。ほぼ何の苦労もなく報酬を得られるのですから、とりあえず起動(机に向かって問題集を広げる)してみるという行為は自然です。報酬を逃すのはもったいないと思い、ついついログインしてしまうのも仕方がありません。先述したチュートリアルもまた、容易に新しいゲーム(新しい問題集)を開始させるための工夫にほかなりません。

目標と報酬・成長の実感の組み合わせについては、もはや無料ゲームの独擅場です。ミッションを達成し報酬を得るまでに必要な時間は、短いケースだと一〇秒足らずですから、信じがたいほど小さな目標が無数に存在しているような状況です。こうした容易な目標がある一方、高い難易度のミッションが存在しており、それらは次々と現れる小さなミッションを達成していくことでクリアーできるよう巧妙に設計されています。数分間の勉強でお小遣いを得られるミッションを夢中になってクリアーしていたら、いつの間にか定期テストで高得点が取れるようになり、しまいには難関大学に合格してしまうようなものです。

習慣化という観点からも、無料ゲームは大変に優れています。

そもそも、大した用事もないのにスマホやタブレット端末をいじってしまう現代人は大勢いることでしょう。「梅干しを見る→涎が出る」「特定の服を着る→集中して勉強ができる」と同様に「スマホやタブレット端末が目に入る→スマホやタブレット端末を手に取ってしまう」といった条件反射的で強力な習慣が定着しています。

スマホやタブレット端末に接触する機会が増えれば、無料ゲームをプレイするキッカケもまた増加します。そして無料ゲームは、まるで日常的にスマホやタブレット端末をいじる現代人を見越したかのように、さまざまな誘惑を仕掛けてきます。

『どうぶつの森 ポケットキャンプ』

本節では、スマホやタブレット端末でプレイできる無料ゲーム『どうぶつの森 ポケットキャンプ』を例として、そんな誘惑と先述した無料ゲームの仕組みについて具体的に説明していきたいと思います。

同ゲームの大きな目的は「寂しいキャンプ場を賑やかにすること」です。キャンプ場に設置する机、椅子、装飾品といったオブジェを作り、動物たちや他のユーザーたちと親交を深めキャンプ場に来てもらうわけです。ゲームが進むにつれ、何もなかったキャンプ場はさまざまなオブジェで彩られ、動物たちが遊びに来るような賑やかな場所になっていきます。

キャンプ場から離れたビーチ、川、島、森といった場所では魚や果物を入手できます。得られるものはランダムで決定されますので、価値の高いものを手に入れるためには何度もトライする必要があり、気が付くと魚釣りに夢中になっていたなんてこともあるでしょう。魚釣りというミッションをこなすことで、さまざまな価値を持つ魚という報酬を得られるという図式です。

ここで得られた魚や果物は、動物たちと親交を深めるのに使用されます。動物の求めに応じ提供することで、お礼として報酬が得られるのです。

動物との親交の深さはレベルで示され、レベルが上がるごとに報酬が手に入ります。また、こうした活動をすると、プレイヤーの（キャンパー）レベルが上がっていき、やはり報酬が手に入ります。

その他にも、報酬を入手する方法はたくさんあります。特にプレイ開始間もない頃は、次から次へと報酬が舞い込んできますので、一度プレイすると止められなくなります。プレイ開始時は、ゲームを習慣化させるための大変重要な期間であるため、意図的に報酬を得られやすいよう調整しているのでしょう。

総じて、報酬が手に入るタイミングが大変に多いため、「あと少しで手に入る報酬」が常に存在しているような状況になり、プレイヤーは作業に追い立てられがちです。仮に、動物たちが求める魚や果物を全て渡し作業が一段落しても、三時間に一回の頻度で動物たちが入れ替わるため、またしても「あと少しで手に入る報酬」

がやってきます。半永久的にニンジンが目の前にぶら下がっているようなもので、プレイヤーたちは馬車馬のように作業を続けるのです。

動物たちから得られた報酬は、オブジェを作製するための原料として使えます。完成するまでの時間は一分から一〇時間超とバラバラであり、これがまた絶妙な働きをします。

一分や三分で作れるオブジェならば、その待ち時間は隙間時間と言えるほど短いものです。しかしそんな隙間時間にこなせるミッションがたくさんあるので、ただ待っているのではなくて、どうしてもミッションに駆り立てられがちです。そのうち数分があっという間に経ちオブジェが完成すれば、また新しいオブジェの作製に取り掛かり……といったように、作業が延々と続くという、実に見事な仕組みが見て取れます。一分の時間を惜しんで他の仕事に取り掛かる様子は、さながら企業戦士のようであり、傍から見れば娯楽なのか仕事なのかよく分からなくなります。

こうしたプレイを要求されるものは「作業ゲー」と呼ばれ、無料ゲームの世界では広く見られます。考える暇を与えずゲームに没頭させることが可能な「作業ゲー」は、ユーザーの限られた可処分時間を獲得するのに適していると言えます。また、なかには「放置ゲー」と呼ばれるジャンルのものもあり、その名のとおり、ある程度は操作せず「放置」していてもゲームが進むため「ながら作業」が可能で、効率よく時間を使いたいユーザーにとって歓迎される内容になっています。

「作業ゲー」「放置ゲー」ともに、忙しい現代社会・現代人にとって適合したものではありますが、もはや余暇を効率的に過ごしているというよりも、余暇が仕事になっているようにも感じるのは私だけでしょうか。余暇を自由気ままに過ごしているのではなく、余暇に追い立てられていると表現した方が正確なような気がします。

労働の主役は労働者自身のはずなのに、まるで何者かに支配されたかのように主体性を失い働くありように対し「労働疎外が生じている」と主張する論者がいます。人間がコントロールできて当然のはずが、その逆が生じてしまい人間が蚊帳《かや》の外にいる（疎外されている）というわけです。だとすれば、人間が主導権を握っている余暇活動のはずが、いつの間にか余暇活動（無料ゲームやSNS等）から支配されている令和の今は、「余暇疎外が生じている」とでも言えるでしょうか。労働のみならず、つかの間の余暇の時間でさえ資本主義社会によってコントロールされ主体性を失ってしまうのですから、現代人は疲労が蓄積して当然です。

短時間で完成するオブジェの製作が「作業ゲー」に組み込まれる一方、長い時間を要するオブジェについては、再びプレイヤーをゲームの世界に引き戻すタイマーの役割を果たします。特定のオブジェが手に入ることで動物たちをキャンプ場に呼ぶことができ、ゲームが進むのですから、ついついまたゲームを作動してしまうのも無理はありません。また、完成すればスマホやタブレット端末に通知が届くため、オブジェの作製を忘れていても問題なくスムーズにゲームの世界に戻ることができます。

その他、キャンプ場に併設されたガーデン、広場のお店、鉱山といった場所でもまた、これまで見てきたゲームの特徴や機能を確認できます。

たとえばガーデンでは花を育てることができますが、タネを植えてから収穫するまでには三〜四時間かかるうえに、適宜水やりをしないと枯れるおそれがあるので、ここでもまた時間がカギを握っています。花をたくさん育てれば家具やアイテムと交換できるため、理想のキャンプ場を作るためには花の栽培は欠かせない作業であると同時に、ゲームの世界に引き戻すタイマーとなっているわけです。その具体的な作業や報酬は違えども、広場のお店や鉱山での鉱石掘りも似たようなものです。

もちろん、オンラインゲームでお馴染みの、他ユーザーとの交流もあります。贈り物を交換しあったり、余っている魚や果物をバザーに出品したり、他ユーザーが開催するバザーで掘り出し物を探したりと、やることは山ほどあります。出品した物品は売れただろうか、新しい掘り出し物はないだろうかと頭に浮かべば、たちまちユーザーはゲームの世界に逆戻りすることでしょう。

ここまでの内容を整理します。

まず、同ゲームが象徴するように、スマホやタブレット端末でプレイできるゲームの多くは、やり始めると止まらなくなるような工夫がなされています。そのなかでも特に、容易に達成できるミッションと報酬を組み合わせるという手法は常套手段となっています。

また、再びゲームをさせるための仕掛けが見て取れます。仮に一時間に一度、スマホやタブレット端末を手にするユーザーであれば、その度に同ゲームの世界では新たなミッションが発生していたり、アイテムや花が入手可能になっていたり、バザーに出品していた魚や果物が売れていたりする可能性が非常に高いため、どうしてもゲームを起動したくなります。現代人のなかには「スマホやタブレット端末が目に入る→スマホやタブレット端末を手に取ってしまう」という一連の行動が強力な習慣となっている人も多いと先述しましたが、これがさらにバージョンアップして「スマホやタブレット端末が目に入る→スマホやタブレット端末を手に取ってしまう→報酬を期待してゲームを起動してしまう→ゲームをする手が止まらなくなる」という連鎖反応まで定着化すれば、ゲーム依存症まであと一歩です。そんなあと一歩まで達した生徒たちの目の前に、授業中、自由に使えるタブレット端末があれば、ついついゲームをプレイしてしまい、さらに状況が悪化してしまうのは想像に難くありません。

本節の最後に、同ゲームを提供している任天堂は、ゲームがもたらすさまざまな問題について対策を取っていることも強調しておきます。『どうぶつの森 ポケットキャンプ』にしても、ニンテンドーアカウントの「みまもり設定」を利用することで、ゲーム内で課金をすれば即座に「みまもり中のアカウントでアプリからの購入がありました」と記されたメールが送信され、使用アプリ・購入金額・購入日時が分かるようになっています。Switch 版の『あつまれ どうぶつの森』で搭載されていたチャット機能がなかったこともまた、ネット上のコミュニケーションから生じるトラブルを防ぐという目的があったのかもしれません。

また、『Nintendo みまもり Switch』というアプリでは、ゲーム（Switch）のプレイ時間やゲーム名の把握、ユーザー同士のコミュニケーションの制限、年齢に適さないゲームのプレイ禁止、ゲームの強制終了等が可能であり、ゲームにより生じるリスクを低減できます。同アプリをかいくぐる裏技が存在するものの、何も対策を講じず無料ゲームを提供する企業とは異なり、ゲーム業界が果たすべき社会的責任と向き合っていると言えます。

制限アプリを押し付けるのは逆効果

『Nintendo みまもり Switch』の話になりましたので、それと関連する重要なことにも触れておきます。

同アプリと同様の機能を持った制限アプリは他にも存在しており、子どもがプレイするゲームやSNSの利用時間や内容を管理することができます。ネットを自由に使わせるリスクを考えれば、制限アプリを使用するのは有効かつ妥当な方法だと思います。

しかし、制限の必要性を子どもが理解・納得していなければ、十分な効果は見込めません。不満を抱いた子どもが、制限を回避する裏技を見つける可能性が常に存在しているからです。

また、今や無料ゲームやSNSは、友人関係を維持するために必要なツールと化しているケースがあるため、子どもが抱える事情によっては、ある程度長い時間の使用もやむを得ない場合があります。

次に紹介する文章は、ある制限アプリに対するレビューを読みやすく改変したものです。

このアプリのせいで、友人との関係が壊れそうになりました。SNSやチャット機能が搭載されたアプリが自由に使えないので既読は遅くなるし、私だけ会話に最後まで参加することができません。また、こまめにSNSをチェックできないので、友達のアカウント変更に気付けません。その結果、友達の新しいアカウントからフォローされなくなってしまい、LINEでも友達追加されなくなってしまいました（※筆者注――大人からすれば考えにくいことですが、友人関係の整理等の理由により、インスタグラムやLINEのアカウントを変更する生徒が一定数います）。

スマホが使用制限されているから返信は遅くなるなんて、恥ずかしくて友達には言えないです。このアプリは友達からハブられてしまう原因になるとしか思えません。親は子どもを守るためにアプリを使っているのかもしれませんが、子どもと親の関係を壊すでしょう。

アプリにより使用を制限された子どもが、怒りのあまり大げさに書き込んだ可能性は十分にあり、その信憑性は高くありません。しかし、生徒から現代の学校事情を日々聞かされている私としては、この書き込みは十分に納得のいくものでした。

状況によっては、スマホやタブレット端末の使い方が死活問題的に重要になることがあります。私の塾にも、SNSや無料ゲーム上での立ち居振舞いを間違えると、途端にクラスでの居場所がなくなってしまうという殺伐とした環境に身を置く気の毒な女子生徒たちがいましたが、彼女たちの話を聞けば聞くほど、スマホやタブレット端末の利用を控えるようにとは言えなくなりました。

一緒にプレイすれば仲よくなれる

ゲーム上でコミュニケーションを取る相手は同級生とは限りません。見ず知らずのユーザーとも交流を深めていきますし、その結果としてネッ友やリア友ができることもあります。

無料ゲームの多くは、他のユーザーと同時プレイを楽しめます。たとえばバトロワ系と呼ばれるゲームの場合、四人程度のグループを組み、最後の一グループになるまで戦闘を繰り広げます。画面をタップすれば自動的にメンバーが集まりますので、事前に誰かと待ち合わせをする必要はありません。かつて、広場に行けば同年代の子どもがいて、みんなで遊んだことと少し似ています。

一緒にゲームをすると、一体感が生まれることがあります。ボイスチャットを使ってプレイをし、協力しあってゲームに勝利をすれば喜びもひとしおです。このメンバーたちと、また遊びたいと思うのも自然の流れです。

そんな時は、一緒にプレイしたユーザーにフレンド申請をします。相手に受け入れられればネット上でフレンド同士になり、また一緒に遊ぶことができるわけです。たまたま空き地で出会った子どもとかくれんぼをして遊び、気が合ったら友人になるのと同じようなものです。

ここで「フレンド」という言葉が登場しました。ネッ友と何が違うのでしょうか。

まず確認したいことが、ネッ友の定義が曖昧だということです。どこからがネッ友なのか、子どもによって違いが見られます。一般的には、ゲーム上でフレンドとなっただけであれば、ネッ友にカウントされないと考えてよいでしょう。そもそも、ただ単に強いプレイヤーだからフレンド申請をしたというケースや、相手から申請があったのでとりあえず許可しただけという場合もあり、ゲーム上のフレンドなど気にも留めないプレイヤーも多く見られます。

つまり、ゲーム上のフレンドがネッ友に発展する可能性はあるものの、基本的に両者を同一視はしません。特定のフレンドと幾度となくゲームをし、個別にメッセージのやりとりを重ねたり、フレンドたちでSNS上にグループを作ったりして親密になるという段階をもって、晴れてネッ友になるというのが大まかな道筋です。

たとえばLINEのオープンチャットでは、自身のLINEアカウントを知られることなく、匿名のままグループを作ることができます。ゲーム上のフレンドに一定の親近感を持ちつつも、まだ信頼しきれないという状況においては有効な機能です。親近感があるけど匿名という状況は、ちょっとアンバランスな関係です。しかし、この絶妙な関係性が仲を深めるカギにもなります。

思春期の頃、周囲には話せない悩みの一つや二つを誰しもが持っていたはずですし、その胸中を打ち明けるのは容易ではないことも身に覚えがあると思います。下手なことを話せば馬鹿にされ、最悪のケースとしてはクラス中に広まる可能性もありますから、なかなか一筋縄にはいきません。

ところが、オープンチャットは匿名のグループなので、そんな苦悩を吐露するのは容易です。そして互いに親近感があるわけですから、悩みに対して親身になって話を聞いてくれるはずです。

幾度となく楽しく遊び、そして互いに本音で話ができる関係性は、たとえネット上だとしても「大切な友人」にほかなりません。学校で信頼のできる友人を作ることができない子どもにとっては、特に大事な存在になるのは当然です。

ネッ友からリア友へ

より信頼性が高まれば、匿名のネッ友では満足できなくなることもあるでしょう。

ゲームにおける名目上のフレンドはネッ友に発展しましたが、次の段階に移る準備ができたわけです。ここに、ネッ友からリア友へと進む道筋が見えてきます。

本来、オープンチャットでは個人情報の交換は禁止されていて、違反者には一時的な利用停止等の罰が科せられます。こうしたサービスを提供する側も、悪用されれば犯罪に繋がりかねないことは重々承知しており、何らかの対策が施されていることが大概です。

しかし、上に政策あれば下に対策ありの格言よろしく、その政策（規制）は容易に突破されてしまいます。その結果、匿名ではなく、それぞれが実名を把握したグループが形成されたり、特に気が合ったネッ友と一対一でのやりとりが始まったりします。顔写真や居住地を伝えあうようになれば、ネットの外で会ってリア友になる一歩手前と言ってよいでしょう。

それでは実際、ネッ友からリア友に移行するケースはどの程度あって、どういった問題が生じているのでしょうか。ここで、関連データを整理しておきます。

心理学者の橋元良明教授らのグループとNTTセキュアプラットフォーム研究所

による共同調査『ネット社会のコミュニケーションを巡る諸問題』によると、ネット上で見知らぬ異性とやりとりをしている一〇代（一五～一九歳）は一七・七％に上り、そのなかの女性についてさらに調査をすると、実際に会った経験のあるケースは三〇・五％となっています。

また、ネットで異性と知り合うきっかけとなったサービスは、上位から「Twitter」が六三・九％、ＬＩＮＥが三〇・一％、Instagram が二四・一％、オンラインゲームが一五・七％、TikTok が七・二％となっています。ＳＮＳやオンラインゲームを介して親密になり、ネッ友からリア友に発展するケースがほとんどであることがデータからもうかがえます。

一方、ちょっと気になるデータも掲載されています。実際に会った一〇代～二〇代の女性を対象とした調査によると、決して少なくない割合の子どもたちが性的被害にあっているのです。「手を握られたり、体を触られたりした」が一〇・八％、「そういうつもりがなかったのに、性的関係になった」が二・九％、「性的被害にあった」が四・九％、「裸の写真を要求された」が三・九％に達しています。

こうしたリスクがある反面、彼女たちの危機意識は希薄です。同じく実際に会った一〇代女性のうちの四四・四％は、「自分は人を判断できる自信があるので、会っても大丈夫だと思った」と回答し、五・六％は「自分に限って危険なことはないと思った」と答えています。

ほとんど何も知らないから信頼できる

こうした調査結果を見て、「どこの馬の骨かも分からないネット上の人間を信じるなんて、どうかしている。ネット上の不完全なコミュニケーションだけで人を信用するなんて考えられない。デジタルネイティブ世代としか言いようがなく、まったくもって理解の範疇を超えている……」といった感想を持つのも分かります。

しかし、ほとんど何も知らないからこそ信頼できるという、摩訶不思議なことがありうるのです。

唐突ですが、ある生物Aの特徴を記した次の文章に目を通してみてください。

・大顎《おおあご》が発達しており外敵にかみつく。
・大きな外敵に対しては、しばしば集団で襲いかかる。
・毒針で攻撃をする種もおり、その毒は人を死に至らしめる場合もある。
・サハラ砂漠に生息する個体のなかには、秒速85センチメートルで移動する俊敏なものもいる。

人それぞれイメージした生物は違うでしょうが、相当危険なものが頭に浮かんだに違いありません。身の安全を守るため、なるべく遠ざけたい生物であることは間違いなさそうです。

次の文章もまた、ある生物Bの特徴を記したものです。

・体長は大きくても三センチ程度しかない。
・日常的によく見られる生物で、私たちは気にも留めず生活をしている。
・夏休みの自由研究として飼育されることもあるが、しばしば全滅してしまう。

・砂糖のような甘いものが大好き。

最後の特徴を見て、蟻《あり》を連想した方が多いと思いますし、実際にそれは正解です。小さくて脆弱《ぜいじゃく》で人間に危害を与えることのない蟻は、生物Aとは違って恐れる必要は全くないというのが一般的なイメージだと思います。

ところが、実は生物Aもまた、蟻に関する説明文に違いないのです。なんだか危険な雰囲気のある大顎というワードは、蟻・バッタのみならず蚊にさえ存在する器官であり、人間に大きな危害を与えるものではありません。毒針攻撃は誤ったイメージを与えかねないものの、外国には実際に存在する種ですから事実です。毒針にサハラ砂漠と続くのでサソリのような生物を連想した方もいらっしゃるでしょうが、それは受け取り側の想像の産物に過ぎません。

小さな蟻とはいえ強そうに見える部分だけを抽出すれば、あたかも危険な生物であるかのように演出するのは簡単です。ごく一部をピックアップし、その他の大部分を捨象《しゃしょう》してしまえば、実像とはかけ離れた印象を相手に与えられるわけです。

しかも、生物Aの記述が「実像が正確に伝わるような説明ではないものの、嘘をついているわけではない」のですから、ルール違反だと言われる筋合いはありません。

ネット上の人々もまた、相当なレベルで抽象化されています。先述したように、信頼できるネッ友はどんな悩みでも打ち明けられる存在であり、しかも親身になって話を聞いてくれる友達です。特定のゲームが共通の趣味になっていて、時間を忘れて遊んだ日々という楽しい記憶もあります。ネッ友が信頼に足るだけのポジティブな部分は、これでもかと抽象化されているわけです。心から信頼できるネッ友とは、信頼に足るだけの一面ばかりがピックアップされてできた集合体のような存在です。

ネッ友から送られてきた顔写真や動画についても同様です。昨今の加工技術の進歩は目覚ましく、画像のみならず動画でさえ、本来の姿とはかけ離れた美男美女に変身することは容易です。しみ・そばかす・ニキビの類は捨象されて綺麗な肌になり、目の大きさや足の長さといったポイントは強調されます。もし鼻や顔の大きさが気になるならば縮小すればよく、しかも何ら特別な知識や技術は必要ありません。

自分を撮影した写真、いわゆる自撮り画像をよく見せる（盛る）ためのアプリやテクニックはネット上にいくらでもあり、小学生でも簡単に利用できます。

その一方、生身の人間と人間が付き合えば、たとえ親友だとしても嫌なところの一つや二つは目に付くものです。全てにおいて気が合い、欠点が全く見当たらない友人を作れた方は稀でしょう。

しかし、ネッ友であれば、そんな完ぺきな友人を作れる可能性が随分と高まります。なにせ、そのネッ友のことについて、ほとんど何も知らないのです。知っていることは、抽出されたポジティブな側面ばかりですから、嫌いになろうにもなりようがありません。知らぬが仏とでも言えばよいのでしょうか、実際に会ってコミュニケーションを重ねれば知れる苦手な部分を、一切見ずに済むわけです。学校に居場所がなく、ネッ友と作ったサードプレイスが唯一の居場所になっているケースであれば、これらのことはなお一層、妥当することでしょう。

何を極端な例を……と思ったかもしれませんが、これは極端どころか、現実のネット社会を考えればば控えめでさえあります。

生物Aの蟻に関する説明文については、間違いなく事実しか記載されていません。しかしネッ友を含めたネット上の人間の場合、真偽不確かな情報までもが数多く加わることもあり、限りなく先鋭化していきます。もちろん、そこで形成される姿は実像とは似ても似つかないものです。

子どものネット社会は、大人のネット社会の相似形

先鋭化してしまうのは、大人が集うネット社会でも同じです。

ためしに、有名な政治家のSNSを確認してみれば、そのことがよく分かります。熱烈な支持者たちが集っており、これでもかと賞賛の書き込みが積み重なっています。ある一人の政治家を熱狂的に支持する人々の国民に対する割合は、間違いなく非常に小さいのですが、そんな当たり前にすぎる事実を忘れてしまいそうです。たとえ、その政治家のSNSに集まる人々が、ネットユーザー全体の一%にも満たない人数だとしても、膨大な数のネットユーザーが分母であるため大人数に見えてしまい、集まっている人たちは、自分たちがマイノリティーであることに気付きにく

いのです。「特殊が普通になる」と言ってもよいと思います。そしてそんな特殊な普通を、ネットの外の社会にも適用すると、しばしば厄介なことが起きてしまうわけです。

政治に関する情報だけでなく、同様の考えを持ったユーザーたちとSNS上で繋がれば、類似した書き込みや自説を補強する情報を繰り返し目の当たりにします。アルゴリズムが働き、ユーザーが気に入る情報が優先的に表示されるようにもなりますので、まるで閉鎖的な情報空間に閉じ込められたかのようでもあります。あるフィルターを通過した情報がこだまする空間をバブルと見立て、昨今では「フィルターバブル」と名付けられ問題視されています。

もちろん、いくら閉鎖的な空間だとしても、たまには反対意見を目にすることもありますし、なかには意図的に異なる主張を収集している方もいらっしゃるでしょう。自ずと偏る空間だけに、そうした姿勢は大切だと思います。

ところが、私たち人間はバイアスの塊であり、反対意見を公平に取り入れるのは難しいことが科学的に分かってきました。特に知性の高い方々に言えることですが、仮に説得的な反論や自説に反する情報を目にしても、その持ち前の頭脳を使い、退けてしまうのです。一時的に自説が非合理的になったとしても、すぐさま合理的なものになるよう論理が組み替えられてしまうわけです。こうなると、反対意見を得るほど理論武装が強化されるようなものであり、なお一層のこと考えが偏るという本末転倒な現象が起きかねません。

人間がバイアスの塊であることを示す科学的な実験や調査は、数多く確認することができます。自説を補強するものであれば怪しい情報でも容易に信じてしまったり、論理的な主張よりも感情を大きく揺さぶるような情報から大きな影響を受けたりするという報告もまた、人間の欠陥を露《あらわ》にした一例です。

こうした人間の姿を見ていると、立川談志師匠が残した言葉を思い出します。談志師匠は「酒が人をダメにするんじゃない。人間がもともとダメだということを教えてくれるものだ」と話しましたが、この「酒」を「ネット」に置き換えても、そっくりそのまま通用しそうです。

元来、人間は情報を客観的に処理することができないというダメな部分がありました。しかし、そんな欠陥をネットが明瞭にし、しかも増幅してしまったのが現代だと言えます。私たちは、そのダメな部分をまだ十分に自覚できておらず、以前であれば考えられなかったトラブルが生じ戸惑っているのです。

SNSで作るネッ友とリア友

総体のうちの一部分だけが見えるから容易に仲よくなれるという図式は、SNSにおいて特に成り立ちます。ここでは、今を生きる中高生たちが、どのようにSNSを楽しみ、そしてネッ友・リア友を作っているのかを具体的に見ていきたいと思います。なお、本節に限らず本章に登場する生徒たちの例は、特定されないよう個人情報を加工しています。

中学一年生の女子Aさんは、いわゆるK-POPアイドルの「推し活」をしています。小学生の頃から彼女が使っているインスタは、インスタ映えする自撮りをアップロードし同級生たちと交流する場所ではなく、完全に推し活をするためのツールと化しています。

推し活とは、特定のアイドルや歌い手などを応援する活動のことで、その内容は多岐にわたります。周囲に魅力を広める（推す）、熱心に情報を集める、グッズを収集するといった分かりやすいものから、もはや推しが神やカリスマ的存在の域まで達するディープなケースもあります。

さて、推し活をしているAさんもご多分に漏れず、インスタ上のK-POP界隈にネッ友がいます。「界隈」とは、特定の業界のようなもので、価値観や趣味を共有するコミュニティやネットワークを指します。同好の士が集うコミュニティ故に貴重な情報が盛んに行き交うため、推し活にはもってこいの場所です。

Aさんの場合、あくまでもネッ友の段階で止まっており、リア友にまでは発展していません。DM（一対一でやりとりをするダイレクトメール）でネッ友と楽しくやりとりをしているようですが、あくまでもネッ友はネッ友に過ぎないと割り切っています。学校や家庭における教育のたまものなのか、生来の慎重さ故のことなのかは定かではありませんが、彼女はネットのリスクについて理解をしており、ネット上でリア友を作る気は全くないと断言します。

そもそもですが、Aさんがネット上の界隈に足を踏み込んだのは、推し活のためにほかなりませんでした。学校や家庭に居場所がなく、ネット上を彷徨《さまよ》っているうちに居心地のよい界隈を見つけたわけではありません。私が見る限り、Aさんの学校生活は充実しており、居場所やリア友に関する深刻な悩みもないため、ネッ友に依存する必要性がないのです。

信頼できる家族・友人がいないからネッ友に依存し、さらなる関係性を求めリア友に発展させようとする……と単純に割り切ってはなりませんが、その傾向はたしかに感じます。不登校児（および予備軍）や、その親御さんと話をしていると、明らかにSNS・ゲーム・ネッ友の話題や悩みが多いのです。なかには、お子さんがトラブルを起こしてしまい、対処に苦慮している事例もありました。

中学二年生のBさんは、とある無料ゲームのヘビーユーザーです。彼女が起こしたトラブルは、大人たちにとっても身に覚えのある女子グループでよくある騒動と似ています。

たとえば、ある女子生徒Cさんが、学校内で複数のグループに所属しているとします。クラス内の四人グループ、クラス内外の六人グループ、部活内のグループといった具合に、三つのコミュニティに所属しているという状況です。それぞれのグループのメンバーには重複が見られるものの、基本的には別グループです。

ある日、Cさんは四人グループから無視されるようになってしまいました。理由を探ってみると、四人グループのなかで交わしていた会話の内容を、部活グループに漏らしてしまったことが原因でした。彼女にとっては他愛もない話でしたが、他の三人は暗黙の裡《うち》に秘密の会話であるという共通認識を持っていたため、裏切り者のレッテルを貼られてしまったのです。部活グループでなされた話が、六人グループにも所属している別の生徒によって同グループに広がり、そして六人グループには四人グループに所属している生徒もいたため、巡り巡って裏切り行為が露見したのです。厄介なことに、他の三人がいない部活グループで秘密が漏れていた点もまた、密かに三人を裏切っていたという悪い印象を強めてしまいました。

Bさんが起こしたトラブルは、ネットの内か外かを別とすれば、この騒動と全く同じです。同じゲームをしていたネッ友たちが、ゲーム・SNS上で複数のグループを作りコミュニケーションを楽しんでいたものの、些細な認識の違いによりBさんは裏切り者扱いされてしまったわけです。

先述したように、ネット上では捨象と抽象のプロセスが強く働きます。だから、ネッ友は信頼できる側面ばかりで構成された集合体となります。

ところが、この捨象と抽象は友人に対してだけでなく、裏切り者に対しても適用されます。一度は心から信頼した相手だけに憤りは強く、裏切り者のネガティブな要素ばかりがグループ内でどんどん蓄積されていき、以前とは正反対の集合体が構築されてしまいます。総体を知らないからこそ、苦手な部分を見ずに済んでいたのが一転、今度はその反対に、あるはずのよい部分が一切見えないがために極悪人として抽象化されやすいのです。かつては互いに信頼しあっていたため、個人情報を共有してしまったというケースもあるでしょう。

不幸中の幸いだったのが、Bさんは大まかな居住地は伝えていたものの、個人を特定できる情報は最後まで伏せていたことです。ネッ友からリア友に発展する一歩手前であったため、トラブルはネット上のみで済みました。同コミュニティの男子高校生のなかには、顔写真・本名・高校名を伝え、Bさんと個チャ（個人チャットの略で、一対一でメッセージのやりとりをすること）をしていた生徒もおり、しかもBさんの個人情報を盛んに求めていたようなので危ないところでした。

一方、私たち大人から見ても、それほど違和感のないSNSを利用したリア友の作り方もあります。インスタを通じ近隣の中高生たちとリア友になるというパターンもまた、その一例だと言えます。

SNS上で相互フォロー（ゲームで言えばフレンドになること）し、ネット上で親密になってネッ友となり、実際に会うことでリア友に発展するという流れは同じです。しかし、近隣の中学・高校に通っているため、大抵の場合において共通の友人・知人がいるという点で異なります。相手が本当に中高生であることも確かめられますし、ある程度は素性を知ることもできます。実際に会う段階で大きなトラブルを起こせばリアルな交友関係にも影響を与えるため、トラブルが起きることは考えにくいでしょう。そもそも共通の友人・知人がいる時点で、ネッ友に該当するかどうか微妙でもあります。

「ネット友と実際に会う＝危険な行為」と単純化して子どもに接すれば反発を招くのみならず、実際にはリスクの低い行為に対してまでも不当な規制を加えることにもなりかねません。それどころか、こうした行為は息苦しい学校の外に居場所を確保することにも繋がるため、プラスの効果が期待できます。

本節の最後に「界隈」について補足します。本来はネットスラングだった「界隈」は適用範囲が広がっていき、現在では、たとえば生徒マキさんのクラスの友人グループを「マキちゃんの界隈」と表現することもあります。こうなると、普通の「グループ」とほぼ意味が同じです。ネットスラングだったはずが、いつの間にか若者たちの流行語に発展し、その意味内容が変容したのでしょう。以下、本書では特に断りがない限り、「界隈」は本節で紹介したネット上での集まりの意味で使用します。

自分自身もまた抽象・捨象により先鋭化する

抽象・捨象の末に先鋭化するのは、自分自身でさえ例外ではありません。

ＳＮＳ上で複数のアカウントを所持している生徒は、決して珍しい存在ではありません。普通のアカウント（本アカ）だけでなく、アニメやアイドルといった「推し」を追いかけるための副アカや、趣味を追求するための副アカがあるわけです。「推し」や「界隈」の数だけアカウントを作る中高生もいて、必然的に副アカの数は増えていきます。目的ごとにアカウントを設けるのは効率的であるとともに、リア友と繋がっている本アカでは恥ずかしくてできない振舞いも可能になるため、合理的な行為だと思います。

副アカは、自分自身の一部分が抽象され、その他の部分は捨象されることで形成された、もう一人の自分です。しかも、リア友とは繋がっていないケースも多く、抽象化された自分を抑制する歯止めが機能しにくい。いきおい、たくさんの副アカが集う界隈は、外界とは異なる価値観・常識・文化が形成されていくため、外部から見ると理解が難しいことが多くなります。

誰でも足を踏み入れることができ、内部の様子を覗き見ることも可能だが、たしかに外部とは異なる価値基準が支配する。出入りが自由で可視化されているという意味では緩やかだが、特異な常識・文化がある点においては内外を峻別している。明瞭のような曖昧なような境界線で区切られた空間を指す言葉としての「界限」という表現は適切だと思います。

さて、界隈は特定の価値基準が支配するだけでなく、どういった言動が評価されるのかが「いいね」や「リツイート」等により数値化されるため、何が是とされているのかが判然としています。だから、界隈の一員として所属意識を持ったり、メンバーから賞賛を受け承認欲求を満たしたりしたいのであれば、どのように振舞えばよいのかが分かりやすい。その時々によって変化する「空気」を読んだ言動が要求される外の世界とは違い、周囲の目を意識し抑制的になる必要性は低くなります。視点を変えれば、界隈のなかの方が、言動が先鋭化しやすいということです。

そもそも、ネット上では極論が力を持ちやすいという特徴があります。

ネット上の書き込み（情報、ニュース、つぶやき等）が星の数ほど存在する今、これまでにも増して注目されることが重要になっています。そうでなければ、無数にある他の情報に埋もれてしまうのがオチです。

そんななか、力を持つのは感情を強く揺さぶる極論です。怒り、正義感、憎悪といった感情を喚起されたユーザーが、脊髄反射的にクリックするのを狙うというわけです。

ここに、界隈のなかで評価を得るための基本的な方針が見えてきます。つまり、数値化により明瞭になった「価値基準」をより強調・先鋭化し、人々の感情を揺さぶる行動を取ればよいのです。抽象化を進めれば進めるほどよく、そして全体像は霧に包まれるほどよいというわけです。界隈のなかで影響力を持ちたいと願うならば、たちまち自分自身が抽象・捨象されていくことでしょう。

抽象化の極北である片目界隈

片目界隈と呼ばれるコミュニティがあります。読んで字のごとく、片目周辺の自撮り（顔写真）をアップロードする界隈のことを指します。

大変に失礼なことを承知で記しますが、写真加工アプリにより修整に修整を加えたうえに、さらに片目周辺だけを切り取ってアップロードするのですから、誰だって美男美女になれます。抽象化されたネット上の世界においても、その極北と呼べるようなコミュニティであり、驚くべきことに一定の人気を博しています。

一方、美男美女が集ったように見える片目界隈だけに、ひたすら男女の出会いを求める「出会い厨《ちゅう》」という、マナーのよくない悪質なユーザーが吸い寄せられてくるという副作用もあります。美男美女に変身した自分に寄せられるのは賞賛の声だけではないのです。

これが一方向的なものではなく、互いに出会いを求めるユーザー同士の場合、よりスムーズに恋愛に発展します。「#片目界隈」「#美男美女と繋がりたい」「#彼氏（彼女）募集」といったハッシュタグ（#）を利用することで、片目界隈に所属しており、なおかつ出会いを求めるユーザー同士が容易に繋がります。ある特定のハッシュタグをタップ（クリック）すれば、同じハッシュタグが書き込まれた投稿群にアクセスできるため、異性にアプローチする機会は豊富です。が、界隈外の人々からすれば、虚像と虚像が惹かれあい恋に落ちているようにしか見えず、なんだかディストピア小説や落語の世界のようでもあり、かなり不気味です。

ところが、外から見ていると馬鹿馬鹿しい光景でも、なるべく偏見を排して冷静に眺めてみれば、実に巧妙な仕組みが見えてきます。

片目界隈に居れば、自分は美男美女になることができ、承認欲求も満たせます。リアルの自分よりも「盛れている（よく映っている）」ことは自覚しつつも、全くの別人だとは考えたくなくなります。仮に完全なる虚像だと認識すれば、これまで受けた賞賛は一転して虚しさとなり、たちまち全てが馬鹿らしくなって界隈から退場するに違いありません。少なくとも、片目界隈にアクセスしているその時は、決して別人の自分ではないわけです。

こうなると必然的に、片目界隈にいる全てのユーザーに対しても、同様の考えが適用されます。この界隈に所属しているユーザーたちは、たしかに盛られているとはいえ別人ではなく、やはり本当の美男美女になるわけです。界隈にいる自分を本当と見るならば、同じ界隈にいる相手だって本当と見るのが論理的に正しい。

虚像の私は承認を得ることで本当になり、本当の私が承認を与えるからこそ相手もまた本当になる——虚像と虚像が互いに承認しあうことで全員が本当になるという仕組みは「鶏が先か、卵が先か」の様相を呈しているものの、実に上手くできていると思います。そして同種の仕組みは他の界隈でも見られ、居心地のよい空間を形成するのに寄与しているわけです。

しかしながら、片目界隈以外にも、それ専用の副アカを有している人は数多くいます。仮に片目界隈にいる自分が本当だとすれば、他の界隈にいる自分や本アカの自分は偽物なのでしょうか。

ここでもまた、抽象がキーワードになります。つまり、それぞれの副アカは、自分の一側面が抽象されたものと見なせばよいのです。複数のアカウントと自分の間で生じる矛盾・衝突に対し、上手に付き合っている若者たちは、どれが本当の自分なのだろうと悩むのではなく、どれもこれもが自分の一部分なのだとクレバーに対応しています。

界隈は、まさにバナナのスイートスポットです。それがスポット（点）であることを念頭に置きつつ、ファーストプレイス（家庭）やセカンドプレイス（学校・職場）と上手に折り合いをつけるのであれば、日々を豊かにする甘味となります。

各界隈でネッ友やリア友が増えれば交友関係は広がり、居場所が増えます。得られる情報や流行は特異ではあるものの、上手に使えば社会に正のフィードバックをもたらしもします。実際、界隈内の特異な流行が若者全体のトレンドに発展するケースが増えているようです。

２０２２年もＺ世代の中でトレンドが数多く生まれましたが、その中でとても重要なキーワードがこの〝界隈〟であると考えています。いわば〝界隈〟消費とでもいうべき事例、すなわち、特定の界隈で盛り上がり、それが他の界隈にも広がっていくという現象が、最近はよく見られているのです。

SHIBUYA109 lab. では毎月、SHIBUYA109 渋谷店館内でＺ世代へのヒアリングを複数回実施していますが、２０２２年の彼らからは「○○界隈で流行ってる」や「△△界隈の中で聞いたことがある」などの言葉がよく聞かれました。後項でも詳述しますが、今注目されているトレンドの多くがこの〝界隈〟を大切にし、〝界隈〟の中で熱量を蓄えることで、Ｚ世代全体に伝播していく流れを生んだものです。

（長田麻衣著『若者の「生の声」から創る　SHIBUYA109式Z世代マーケティング』プレジデント社、二〇二三年）


外界とは異なる価値観・文化・常識は、上手く社会にソフトランディングすれば、ユニークで新しいものと見なされることが分かります。外界から峻別された場所で生まれた流行物が広がっていく様子は、海外での流行が日本にも飛び火した事例と同種のものであり、私たち大人にとっても違和感なく理解できると思います。

界隈に依存した先に待ち構えているもの

一方、外界との折り合いに失敗すると、ファースト／セカンドプレイスでの居場所を失い、特定の界隈に依存してしまうリスクが高まります。かつて私の塾の生徒の友人だったDさんもまた、社会と界隈の調整に失敗してしまった一人でした。

ある日、片目界隈の住人になったDさんに異変が起きます。アップロードした片目の自撮りがバズり（注目・拡散されること）、たちまちフォロワーの数が一〇〇〇を超えたのです。

コメント欄には「まじかわいい」「だいすき！」「綺麗！」等々、今まで経験したことのない膨大な数の賛辞が集まります。これほどまでに承認欲求が満たされたのは、人生ではじめてだったかもしれません。

念のため補足をしておくと、全ての自撮りに対し数多の賞賛が集まるとは限らず、一気にフォロワーが一〇〇〇を超えるようなケースは稀です。いわば、宝くじでちょっとした臨時収入が手に入ったような感じでしょうか。

ガチャやギャンブルは、たまに当たるからこそ射幸心を刺激し、人々を依存させていきます。不運にも、Dさんは片目界隈の世界で当たり（バズった）を引いてしまったばかりに、射幸心が大いに刺激されたのでしょう。日に日に片目界隈に沈潜していき、ついにはリアルな社会にも影響が及んでいきます。片目界隈で好まれる髪型・メイクを過度に取り入れるあまり、学校でのDさんの姿はみるみるうちに変貌を遂げていき、周囲から浮いてしまったのです。その結果、学校という名のセカンドプレイスで居場所を失ったDさんは、ますます片目界隈への依存を深めていきます。ネット上の各アカウントは自分の一側面が抽象されたものであり、それぞれが本当の自分だとクレバーに認識する若者の様子を先述しましたが、Dさんの場合、そんな俯瞰《ふかん》的な自己認識に失敗してしまったようです。

そこが唯一の頼れる居場所になれば、必然的に信頼性も高まるばかり。ネッ友からリア友、そして恋人へと発展する前に存在するはずのハードルは低くなっていき、Dさんはネット上で交友関係を広げていきます。女子中高生だとプロフィールに明記し「#恋人募集」とでも打ちこめば、あっという間に続々とDMがやってきますので、恋人を作るのだって簡単です。美男美女に変身できる片目界隈であれば、なおさらそうでしょう。

最終的にDさんは、束縛の激しい恋人との別れ際にトラブルが起き、ちょっと物騒な事態にまで発展しました。位置情報共有アプリを悪用した元恋人が、Dさんに付きまとうようになったのです。このケースでは、たまたまいた共通の知人が仲裁役となり事なきを得たようですが、そうでなければ警察沙汰になっていたかもしれません（繰り返しになりますが、この件を含め、個人が特定されないように情報を加工していることにご留意ください）。

先述したように、ネット空間のユーザーは抽象・捨象されているため、信頼に足るだけの一面ばかりが強調されてできた集合体と化しやすい。結果、安易に人を信じてしまい、リアルな社会では決して信頼しないであろう、危険な人物と深い関係になってしまうリスクが高まります。Dさんの一件は、そんなネット社会の特徴が反映されてしまった典型的な例だと言えます。

捨象されるネット空間が果たす役割

ネットに関するネガティブな話が続いてしまいました。

しかし、ネットには甚大な副作用があるものの、用量・用法を守れば良薬になることもまた事実です。

約三〇年前に上映された山田洋次監督の映画『学校』は、ネットがもたらす効用について考えるにあたり大変に示唆的です。

同映画の舞台は夜間中学です。不良少年／少女、不登校児、在日コリアン、義務教育を修了できなかった中年男性等、さまざまな事情や属性を持った人々が集っています。それぞれが傷を負い、必ずしも居場所を確保できなかった人々だからこそ、夜間中学という居場所を大切にしている様子が、映画全体を通してありありと伝わってきます。

次の引用文は、映画『学校』に強い影響を与えたルポルタージュの一幕です。中学に通えなかった井上さん（映画では田中邦衛氏が演じるイノさん）は、競馬の大障害レースが面白いと話します。私たちであれば、困難を乗り越える馬の姿に感動を覚えたり人生を重ねたりするのでしょうが、井上さんの感想は全く違うものでした。

井上さんは、「大障害レースのおもしろいのは荒れるからだ。新聞の予想がみんな外れるもんね。外れると〝頭にきた！〟と馬券をちぎり、地面に叩きつける。ふと横を見ると、上等の背広を着たおやじも馬券をちぎってくやしがっている。会社の重役だとか、大学を出たとか、そういうことあまり関係ないもんね、ここじゃ。めちゃくちゃに荒れた競馬の後で、みんなが背を丸めてぶすっとして〝おけら街道〟を下る。その流れの中にいると、お金はスカンピンでも、なんか人なみになったような気がするよ」という。

井上さんと私との話の相違は、踏みつけられてきた人間とそうでない人間の感覚の違いからくるものだろう。（松崎運之助著『学校』晩聲社、一九八一年）

荒れたレースの後、自分と同様に大勢の人々が背を丸めている光景を見て、自分も人なみになったと感じる。つまりこれは、会社の重役や大卒といったものが捨象され、皆が等しく「競馬でスッて落胆している人」になったことを意味します。だからこそ、自分も彼らと同じ人間であり、何も引け目などないのだと感じられたのでしょう。著者である松崎氏も記すように、踏みつけられてきた人間にしか持ち得ない感覚だと思います。

ネット上の居場所もまた、属性や事情が捨象される空間です。それらを引け目に感じていたとしても、ネット上では消えてなくなります。荒れたレースにより生じた、皆が等しくなる「おけら街道」と同様の空間は、ネット上では容易に成立するわけです。特定の属性や事情により同級生から排斥されてきた子どもたちが、さまざまなものを捨象するネット空間に身を寄せるのは合理的であり、心身を守るための防御策でもあります。いったいどこの誰が、彼らを非難する資格があるのでしょうか。

そもそも、誰にとっても居場所は必要不可欠です。もしもなくしてしまえば、たとえそこが悪い居場所だとしても住人になるしかありません。

裕木奈江氏が演じる「みどり」は、ファースト／セカンドプレイスに居場所がなく、不良グループに属していた少女です。このままでも生きていけると考えつつ、思うところがあり夜間中学校の門を叩きました。

ある日のホームルームで、みどりは不良少年だったカズから、幸福についてどう思うのかと尋ねられます。在日コリアンのオモニが開いている店で焼酎を飲みながら「夜間中学に入れて、俺は幸せだ」と、しみじみ語っていたイノさん（井上さん）が卒業間際に亡くなり、クラスでは幸福について議論が展開されていました。

そんななか、カズはイノさんのノートを取り出し、「これ見ろ。五〇過ぎたおっさんが汗をかきかき、平仮名の勉強始めて、駅の名前が読めるようになったとか、お釣りの計算ができるようになったとか。そんなこと言って喜んでた人のどこが幸せなんだ」と叫びます。

カズの主張を発端に議論は紛糾します。「幸福とは何か」という難しい問題についてカズがみどりに尋ねたのは、そんな混沌とした最中のことでした。

みどりは、担任の黒井先生（黒ちゃん）に夜間中学、そして幸福について次のように思いを吐露します。

みどり「——つまり、こういうことよ。私、鑑別所出た時ね、ちょっぴり反省して更生しようと思ったわけ。それで中学に行ったの、それまで通っていた昼間の。そしたら何と先公たちがワアッとやって来て、私のことを校長室に連れこんでさ、お前卒業したかったら少年院を出て来い——そんなことを言うのよ。頭にきてさ、灰皿をぶん投げてガラス、バーンと割って飛び出しちゃったんだよ」

（中略）

みどり「それから酷かったよ。シンナーやったり、ディスコでアルバイトしたり。そんな時さ、友達の家で『セブンティーン』読んでたらこの学校のこと書いてあるじゃん。私でも入れてくれるかなあと思ってね、来てみたわけ、ある日の夕方。でもさ、中に入りにくいじゃん、学校の門なんてどうせ先公が出て来てマッポみたいに尋問するんだろうと思ってね。郵便ポストの横っちょにウンチング・スタイルで座り込んでボワーッとしているうちにどうでもよくなってきちゃって、恐喝《かつあげ》したって売春したって食っていけるんだ、やめよう学校なんて——そう思った時よ、変なおじさんが側に来て、煙草臭い息吐きながら、『どうしたの、この中学に入りたいの？』そう言ったの。それが、この黒ちゃんなんだけどさ、そん時私……そん時私、あー、もしかして私、幸せになれるかもしれないって……」

みどり、突然顔を覆って泣き出す。

黙ってみどりの泣き声を聞いている一同。
ピンと張り詰めたような緊張感が教室を支配している。
黒井、ハンカチで鼻をかみながら口を開く。
黒井「みどり、俺よくわかったよ。幸福というのは金じゃないんだな」
（山田洋次著『学校』岩波書店、一九九三年）

さまざまな理由により、ファースト／セカンドプレイスの規範・文化・価値基準といったものに適合できなかった生徒たちが、これらとは無縁、または正反対の世界観を持つ不良グループに流れ着くという現象は、昔から多く見られました。現在よりもヤンキー文化が興隆していた時代を生きた大人世代であれば、劇中のみどりのような不良少年／少女の一人や二人、頭に浮かぶのではないでしょうか。

一方、現代社会にはネットがあります。たとえ家庭や学校に居場所を見つけられなくても、ネット空間で居場所を確保することができます。星の数ほど界隈がありますから、自分にとって居心地のよい場所が見つかるはずです。ネットのお陰で、物騒な不良グループに居つくリスクは低くなったと言えますし、そのことは社会全体の治安にとってもよいことのように思えます。

界隈は、リアルな社会に多様性をもたらすこともできます。それぞれが別々の界隈に属していて、しかもそのことを互いにオープンにしている学校の友人グループは、そんな寛容なコミュニティの一例です。Dさんのように、界隈の文化や価値基準を過度に取り入れるのではなく、上手く友人グループのなかで調和を試みれば、かつてより多様で豊かな交友関係をリアルな社会でも構築できるはずです。実際、かつて白眼視されがちだったオタクへの眼差しが優しくなっていったように、ちょっと変わった「推し」や「界隈」に没頭する同級生に対し、現在の中高生たちは寛容になってきていると感じます。

しかし、そう安閑としてはいられません。「どうしたの、この中学に入りたいの?」と声を掛けてくれるのが夜間中学の先生ならよいのでしょうが、そうではなくDさんの元恋人や、歪んだ性的欲望を満たそうとする大人であった途端、毒に転じてしまいます。DMを通じ、不届き者が声掛けをするのが随分と簡単になったように、ネットの利便性はあらゆる人が享受しています。そしてその利益は、無法者ほど多く得ているのが現状のようです。界隈がもたらしうる寛容性にしても、政治的な分断が加速する昨今を鑑みれば、やはり楽観的に身構えるのは難しいでしょう。

　女子中高生に変なDMが送られてくることは、決して珍しい話ではありません。生徒たちとの雑談中に「先生！　今日まじキモイDM来たんですけど（笑）」といった声が上がっても、生徒たちにとっては「あるある」のようで、何ら驚きもしないどころか、話が盛り上がることさえあります。

　先述したアプリ『斉藤さん』と同様に、歪んだ性的欲望を満たしたいユーザーにとって、SNSは絶好の空間です。公園や繁華街等のリアルな場における監視・取り締まりは強化される一方、未だにネット空間では迷惑行為がまかり通るため、彼らが『斉藤さん』のようなアプリやSNSに居ついてしまいました。

　子ども食堂のような、リアルな社会における居場所づくりは非常に大切です。しかし、膨大な時間をネット空間で過ごす子どもの今を直視すれば、ネット社会における居場所のありようについて考え、早急に対策を練るべきではないでしょうか。

整備すべきは公園や児童館だけではないはずです。

問題が山積みのネット空間

本章の最後に、ここまでの内容を簡単に振り返ります。

スマホやタブレット端末が手に渡れば、非常に依存性の強いゲーム・SNS・動画サイトが待ち構えています。人を依存させるべく英知が集ったこれらに対し、人間が抗うのは極めて難しく、安易な精神論では太刀打ちできません。子どもたちが依存してしまうのも無理はないのです。

家庭や学校に居場所がないと、この依存リスクは跳ね上がります。寄る辺を求める子どもたちはゲームやSNS内の居場所に沈潜してしまい、ますます依存を深めていくでしょう。トー横キッズ（新宿東宝ビル付近に集まる若者たち）が象徴するように、ネット上のコミュニティが、そのままリアルな社会でも形成されることで、偏狭な価値基準を有した界隈が現実を侵食することもあります。

GIGAスクール構想は、学校における制限なきタブレット端末の使用を求めています。必然的に、学校・家庭で四六時中、スマホやタブレット端末を自由に使えるという状況が生まれ、なお一層、リスクは大きくなっていくでしょう。

もちろん、子どもたちの目的外利用が頻発すれば、学校側はタブレット端末の一部機能の制限を試みます。ところが子どもたちは驚くべき方法でそれらを突破してしまうのです。なかには、学年に一人や二人はいる、信じがたいほどネットに詳しい生徒が中心となり、組織的にばれないように制限を突破しタブレット端末を使い倒しているというケースもあります。ＧＩＧＡスクール構想の議事録を確認すると、各委員たちがこうした状況を把握しているとは思えず、本当に心配になります。

一方、リスクがあるだけでなく、ＩＣＴ機器には素晴らしい可能性があることもまた間違いのない事実です。特に、不登校児や障がいを抱えた生徒からすれば、タブレット端末がもたらす恩恵は計り知れません。「ネット＝悪」と短絡的に片づけるべきではないと断言できます。

自由に使わせるのはリスクが大きすぎるが、かといって強い制限をかければよいというわけでもない。ＩＣＴ機器がもたらすメリットとデメリットは双方ともに大きいため、センシティブな取り扱いが求められます。

それでは、そんな難しい舵取りに対し、ＧＩＧＡスクール構想に関する一連の議論はどうだったか。

結論から言えば、あまりにも現場という名の川下を知らないがために、信じがたいほどの楽観論が続出してしまいました。川下の代弁者から出される危惧の声が不当に軽視されたうえに、制限なく使わせるべきだとする論が支配的だったのです。それどころか、自由に使わせない川下の学校・先生たちには問題があり、教育委員会による指導や研修により、マインドを転換させなくてはならないとする論も散見されました。川下の苦労を知ろうともせず無理難題を押し付ける川上に対し、そろそろ現場の先生たちは、もう少しちゃんと怒りを表明した方がよいとさえ思いました。

次章では、ＧＩＧＡスクール構想の概説を皮切りに、川上の議論から抜け落ちていた学校・生徒・ネットの今を記していきます。そして第一章・第二章とともに、議論に参加する委員たちに知っておいてもらいたかった内容であることも強調しておきます。

第二章　学校と子どもの今

GIGAスクール構想のはじまり

文部科学省が作成したリーフレット『GIGAスクール構想の実現へ』には、次のような文章が書かれています。

世界各国と比べ、日本の学校のICT環境は整備できておらず、利活用も低調。学校外での活用にしても、学習以外の用途に使われることが多く問題だ。そこで、一人一台端末と高速大容量の通信ネットワークを整備し、あらゆる生徒が使えるようにする。そしてICTの強みと既存の教育の強みをベストミックスすることで、一人ひとりの生徒にとって公正で個別最適な学びを実現しよう、といった内容です。

一方、同構想の背景には、経団連（一般社団法人 日本経済団体連合会）が発案した「Society 5.0」構想がちらつきます。

狩猟社会→農耕社会→工業社会→情報社会と、これまで人類は四つの社会を経験してきた。そして今、大きな変化が生じており、これまでの社会は Society 5.0 という新しいバージョンにアップデートされるだろう。さまざまなリアルな社会のモノがネットに繋がることで、随時情報がモノから仮想空間（サイバー空間）に流れていき、その分野横断的な情報をＡＩ（人工知能）が解析することで解決策・新たな提案・付加価値の高い情報といったものが、現実空間に還流していく。こうした、サイバー空間と現実空間が融合した新しい社会には無限の可能性があり、多くの実りを人類にもたらすだろう。そんな社会の実現に向け、日本国は急ピッチで準備をしていこう――。内閣府ホームページに記載された説明を参考にしながらかみ砕くと、こんな風に Society 5.0 構想は概説できます。

さて、そんな同構想は成長戦略であり、国家戦略とでも言える重要なものです。したがって、文科省が独自にＧＩＧＡスクール構想を考案したというよりも、先だって発案された Society 5.0 の実現のために必要なピースであったと考えた方が正確です。

かつて、文科省は政治的中立と審議会行政という特徴を有していました。特定政党の御用聞きになるのではなく、真に耳を傾けるべきは民間の有識者が集う審議会であるという考えです。もちろん、完全に政財界の影響を断ち切るなど不可能な話ではありますが、こうした文科省の姿勢を評価する声があったことも事実です。

しかし、近年においては、その評価されてきた姿勢を維持するのが難しくなっています。Society 5.0に対応するためのGIGAスクール構想や、大学入学共通テストへの記述式問題導入といった大方針が官邸主導で決められることもあり、官邸からすれば文科省でさえ川下になってしまうケースが出てきました。なお、Society 5.0に文科省が吸い寄せられていった過程について、法政大学教授の児美川孝一郎氏が「【EdTech】GIGAスクールに子どもたちの未来は託せるか」（松岡亮二編著『教育論の新常識』中公新書ラクレ、二〇二一年）で説得力のある解説をしています。

誰しもが一家言を有しているがために、万人が議論に参加できるという特徴が教育問題にはあります。さまざまな立場・考え・属性を持った人間が議論できるという状況は、大変に好ましいことではあります。

しかし、容易に議論ができるように思えるため、往々にして勉強不足のままステレオタイプな極論を繰り広げてしまい、しかもそれが教育政策に反映されてしまうということが頻繁に起きます。もっとストレートに言えば、勉強不足の政財界人によるトンチンカンな見解が教育政策に強い影響を与えてしまうという宿痾《しゅくあ》があり、それが大きな問題となっているわけです。

最初から結論が決まっていた議論

デジタル教科書の本格導入に至るまでの議論を理解するうえでのキーワードは「最初から結論が決まっていた」です。無理筋に思える議論は、このキーワードを補助線とすれば理解がしやすい。

緻密な議論の末、タブレット端末の配備と積極活用という結論が導かれたわけではありません。今後、社会は Society 5.0 に移行するのだから、ICT環境を整備して当然であるという前提から話が始まります。

要点を絞りに絞って整理すれば、この前提から始まる一連の議論は次のように概説できます。

ICT環境が整備されれば、これまでの課題であった、それぞれの生徒に応じた学習の実現が期待されます。一人ひとりがタブレット端末を使用することで、各々の学習段階に応じた適切な学び、つまり「個別最適な学び」が実現するかもしれません。

一方、知・徳・体と全ての面を育むという、従来から日本に見られた全人的教育は世界的に評価をされてきましたが、個別最適な学びの重視だけでは孤立した学びになりかねず、この強みが消えるおそれが生じます。

そこで、「協働的な学び」をもう一つの主軸にすることで孤立的な学びを防ぎ、知・徳・体を育む全人的教育の継承を明言することにしました。ＩＣＴ機器の便利な機能を駆使すれば、この古きよき教育が、さらに素晴らしいものになる可能性もあります。

以上を踏まえ、ＩＣＴ機器を最大限活用した「個別最適な学びと協働的な学びの一体的な充実」を、令和の日本型教育における大きな目標としました。ここまでの議論の結果は、『『令和の日本型学校教育』の構築を目指して～全ての子供たちの可能性を引き出す、個別最適な学びと、協働的な学びの実現～（答申）」にまとめられています。

一方、ここで示された目標は随分と抽象的なので、もっと具体的な議論が必要です。「個別最適な学びと協働的な学びの一体的な充実に向けた学校教育の在り方に関する特別部会（以下、個別・協働の特別部会）」を設置し、議論が引き継がれていきます。

議論をするなかでも、特に重要なデジタル教科書、義務教育、高校教育については、個別・協働の特別部会の下に、ワーキンググループが設けられました。それぞれ「教科書・教材・ソフトウェアの在り方ワーキンググループ（以下、教科書ＷＧ）」「義務教育の在り方ワーキンググループ（以下、義務教育ＷＧ）」「高等学校教育の在り方ワーキンググループ（以下、高校ＷＧ）」と名付けられ、より具体的な議論が進んだわけです。

こうした議論の結果、二〇二四年四月より、小学五年生から中学三年生に対し英語のデジタル教科書が本格導入される予定となりました。その後、翌年度からは算数・数学というように、段階的に本格導入する教科を増やしていく見通しになっています。

順調に事は進んでいるかのように見える一方で、議事録では「そもそも今回の話、机上の空論なのでは？」という心の声が行間から聞こえてきそうな主張も、ちらほらと確認できます。議論のテーマが川上から川下に近づくにつれ、ちょっとだけ川下から悲鳴がこだましてくる感もありました。

しかし、その声はまだまだ遠方から発せられていたようで、本腰を入れて取り組まれることはありませんでした。とりわけ、GIGAスクール構想を根本から否定しかねない問題については、徹底的にスルーされたと表現しても過言ではありません。中立的な立場と思しき委員の数は少ない一方、GIGAスクール構想に肩入れする委員が目立ったこともあり、傾聴に値する問題の指摘は不当に軽視されてしまいました。結果、取り上げるべき「具体的」な課題に着手しなかったことで、議論そのものが「具体性」を欠いたまま進行したのです。具体的な議論が求められたはずなのに、肝心かなめの具体性を欠いたまま議論が進めば矛盾が噴出するのは必然です。

それを象徴しているのが、個別・協働の特別部会に対して発せられた教科書WGによる要望です。そのうちの一つは「個別最適な学びと協働的な学びの一体的な充実に向けた授業の在り方が明確化・具体化しないと、その授業のツールであるデジタル教科書・教材の使い方だって具体化できないので、はやく議論をして決めてください」といったものでした。

これは、特別部会がWGに具体的な議論を指示したのに、WGが特別部会に具体化を要望しているという状況であり、「具体化の押し付け合い」とでも言える図式になっています。そしてそれは、二〇二三年七月現在も変わっていません。ほぼ間違いなく、この具体化を巡る議論は、デジタル教科書が本格導入される二〇二四年四月一日までに決着しないでしょう。デジタル教科書の在り方と利活用の方法は、抽象的で曖昧な表現で記されるのみであり、霧に包まれた状態で本格導入を迎える可能性が高いのです。

それでは、未解決のまま放置された問題はどこへ行くのでしょうか。

その答えは単純明快です。そんなもの、適当な言葉を添えて川下に流してしまえばよいのです。

本節に関する詳しい論は第三章に記します。とりあえず今の段階では、川上で抽象的な議論ばかりが積み重なった結果、タブレット端末の目的外利用をはじめとした具体的かつ重要な問題は、ほとんど川下に流されるということ。流された問題は、制限を突破する生徒たちが象徴するように川下でも解決困難であり、毒として川底に溜まり続けていくということをご理解いただければと思います。

所与性が崩壊していく学校

官邸→文科省→教育委員会と川を下っていくことで、ようやく姿を現す学校現場では、年々と所与性が崩壊していくという現象が起きています。

所与性とは、与えられた前提のことです。言い換えれば、問答無用で正しいとされる事実であり、そこに疑いを挟むことは許されません。仮にそんなことをすれば、その所与性が支配する共同体（学校）から村八分にされたり、退場を余儀なくされたりするでしょう。

「それってあなたの感想ですよね？」とは、子どもたちに大人気のひろゆき氏の発言です。ベネッセホールディングスが二〇二二年一二月に発表した、小学生の流行語ランキングの一位に同発言がランクインしたことが象徴するように、小中学生からの人気の高さには目を見張るものがあります。塾の生徒たちや新聞報道によると、同発言や「なんかそういうデータあるんですか？」といった言葉を先生に投げかける小中学生が、どうやらあちこちに出現しているようです。先生方への同情を禁じ得ません。

さて、実はこの現象、単なる一過性の流行だと片づけられない厄介な問題も見え隠れします。それというのも、先に述べた所与性の崩壊が如実に表れた出来事であり、しかもその崩壊が、クラスの統治を年々難しくしているからです。

二〇〇一年に出版された『思春期の危機を生きる子どもたち』（はるか書房、二〇〇一年）では、学校の教育的指導の妥当性・根拠がいちいち問われるようになったという変化について、著者である中西新太郎氏がさまざまに論じています。消費文化世界が伸長したため「学校に入りこんでくるこの文化の影響をシャットアウトできない」としたうえで、消費文化世界の子どもや家庭への影響力が増して、学校の役割・権威が相対的に低下したのだと同氏は主張します。そしてその低下に伴って、教育的指導の妥当性・根拠が問われるようになったというわけです。

こうした中西氏の論に首肯しつつも、やはり隔世の感は否めませんでした。今日であれば、教育的指導の妥当性・根拠を市井の人々が求めるのは当然のことであり、もはや論ずる対象にさえならないからです。消費文化をシャットアウトできないとする論についても、これだけネット社会の影響力が増した今、学校・家庭の外からの情報をシャットアウトできないことは明々白々であるため、言及されることさえないように思います。言い換えれば、それだけこの約二〇年間で学校・家庭の外の世界の影響力が強まり、学校の所与性が崩壊してしまったのでしょう。よくも悪くも「校則だから守りなさい」で済んでいたはずの指導が、ブラック校則の問題化によって、厳しく妥当性を問われるようになったという今日的な現象もまた、所与性の崩壊を示す一例です。

そんな現象のなかでも特に、ひろゆき氏の事例は悩ましいものです。彼の言葉が全国の小中学校で流行すること自体、もはや学校や先生には、わずかばかりの所与性・権威しか存在していないことを示唆していますが、その幾ばくかの所与性・権威に対してさえ、同氏の言葉は冷笑的に疑問を差し挟むものであり、なお一層の崩壊を促すことは想像に難くないからです。彼の口真似が流行したために、学級づくりが随分と難しくなってしまったケースも多々あったと推察します。なお、同氏は『論破力』（朝日新書、二〇一八年）にて、「実生活でも論破力は諸刃《もろは》の剣《つるぎ》だということをまず知っておいてほしいと思います。夫婦ゲンカで相手を論破しても、いいことなんてまったくないでしょう」と述べているように、誰彼構わず論破するというスタイルに否定的であることを付け加えておきます。こうした論破のデメリットについて、小中学生向けにメッセージを発してほしいと考える先生方は多いはずなので、是非同氏には情報発信をお願いしたいところです。

所与性の崩壊が導く学級崩壊

所与性が崩壊し統治が難しくなるのですから、学級崩壊のリスクが高まるのは必然です。現場の先生方が上梓した書籍を乱読すると、その深刻さがひしひしと伝わってきます。

東京都公立小学校で校長をする佐藤民男氏は「今や学級崩壊は程度の差こそあれ、毎年どこの学校でも起こっている。危機管理の一つと捉え、学級担任の配置に苦慮している校長は多い」と『授業づくりネットワークNo.36 学級崩壊を問う!』(学事出版、二〇二〇年八月)にて述べ、小学校教師である中村健一氏が「今の学校現場は、非常に厳しい。学級崩壊全盛の時代だ。どの学校も、各学年で1クラスぐらいは学級崩壊してしまうのが、当たり前になってしまっている」と『策略——ブラック新卒1年目サバイバル術』(明治図書出版、二〇二二年)で書き記しているように、川下からは悲痛の声が聞こえてきます。

そんなに大変だったら、学級崩壊を招く問題児を出席停止にすればよいとする考え方もあると思います。実際、一九九〇年代後半から学級崩壊は問題視されはじめ、二〇〇〇年には「教育を変える17の提案」として、「問題を起こす子どもに対して出席停止など適切な措置をとる」という方針が出されました。

そして翌年、学校教育法が改正され、出席停止の要件が明確化されたことで、事態の改善が期待されました。が、この改正から現在に至るまで、適切に活用されているとは言いがたい状況が続いています。いじめ・不登校・学級崩壊といった多くの問題が生じる一方、それらに対し出席停止で応じるという学校があまりにも少ないのです。

高い所与性があった時代、法律がなくてもクラスは十分に統治できました。しかし、それは裏を返せば、法律によって統治するという慣習・発想が、まるでなかったことをも意味します。企業の組織体質を変えるのが容易ではないように、学校が持つこの体質は健在であり、当分の間、出席停止という伝家の宝刀が適切に運用されそうにもありません。

結果、所与性による統治が困難になっているにもかかわらず、法律による統治も拒否するわけですから、先生方は自分の力で統治するための武器を獲得する必要に迫られます。

生徒との信頼関係の構築は、その武器になるとして多くの先生方が重要性を指摘しています。ただ、これもまた多くの先生が記すように、ほんの些細な行き違いや、先生または生徒の勘違いといった出来事によって容易に壊れます。このあたりは学校内外に関係なく、人間社会共通のものでしょう。

何らかの方法により、先生個人に権威が生まれれば、かつて所与性のあった時代と同様に統治できそうです。しかも、その統治は強力かつ安定しています。しかし、具体的な確立メソッドを打ち立てるのは難しい。信頼関係を構築するための方法論なり小ネタは豊富に見られるものの、権威を確立する一般性のある方法なんて、果たしてあるのでしょうか。そもそも、権威というものは作るものではなく、自ずと備わるものではないかという疑問もあります。恐怖政治にしても、そのやり方が時代にそぐわず、そして今後ますます前時代的と見なされるのは明らかです。

所与性を武器とした前近代的な統治ができず、法による近代的な統治も難しく、そうかといって恐怖政治もまた寿命が尽きかけている。最後に残された道は、子どもたちと友達になるというフラットで良好な関係性を慎重に維持する道と、数少ない権威を備えた先生による統治でしょうか。もちろん、現実的にはまだ所与性がゼロになったわけではありませんし、法が全く機能しないわけでもないので、これらを現場レベルでベストミックスさせるわけですが、安定的かつ一般性を有した統治が、さらに難しくなってしまうのは想像に難くありません。

こんな状況なので、塾の生徒たちからも学級崩壊したクラスの様子はよく伝わってきます。中指を立てて「うるせえクソばばあ！」と担任の先生に叫ぶ女子小学生、先生の注意を完全に無視して YouTube を視聴し続ける男子中学生、エアドロップという機能を使い不適切な画像を方々に送り付ける男子中学生（その後、同機能は先生によって規制されたものの、知恵者の生徒によって翌日に復活）といった様子を知るにつけ、先生からの断末魔の叫びは否が応でも聞こえてしまい、名状しがたい気持ちになります。

しかし、残念ながらその悲鳴は、どうやら川上には届いていないようです（聞こえぬふりをしているのかもしれませんが、それはそれであまりにも不誠実です）。実際、川上から川下になされたＧＩＧＡスクール構想に関する通知のなかには、増加する学級崩壊という現状を、まるで考慮に入れていないものが確認できます。

二〇二二年三月三日に、各教育委員会や各学校等に通知された『GIGAスクール構想の下で整備された学校における1人1台端末等のICT環境の活用に関する方針について（通知）』には、「特定の教科等のみでの活用に留まらず、日常的にICTを学習に活用することが重要である」とし、「児童生徒の発達段階や情報活用能力の習熟の程度により、一時的に端末やサービスの機能の一部を制限するような場合も想定されるが、活用に関する課題については、ICT端末を積極的に活用する中で解決を図ることが重要であるため、こうした制限は、フィルタリングやネットワーク機能の設定を適切に行いながら、真に必要な場合にのみ、限定的に行うべきであること」、「やむを得ない事情により、一時的に端末の機能の一部を制限する必要が生じた場合には、関係者と緊密な調整を行い、保護者等の理解を得ながら実施すること」とあるように、原則的に制限なき使用を学校に求めています。

やむを得ない事情が生じたときにはじめて、「関係者と緊密な調整を行い、保護者等の理解を得ながら」一時的に端末の機能の一部を制限できる。これを素直に読めば、全国各地で多発する学級崩壊という「やむを得ない事情」が生じたときでさえも、機能の一部を制限するのに留めよという通知だと理解できます。事実、議事録を確認する限り、もっと制限なく自由に使わせるべきだとする流れで議論が進んでおり、先の理解と議事録の間には整合性があります。生徒が自分を律することができるようになってから、タブレット端末を自由に使わせるべきだとする論ではなく、使いながら適切な利活用ができる生徒を育成しようという考え方であり、そもそも使用を禁ずるという発想がないとも言えます。

ちなみにですが、この通知の約一年前に、同じく各教育委員会や各学校等に通知された『GIGAスクール構想の下で整備された1人1台端末の積極的な利活用等について（通知）』では「能力や年齢等に応じて、一時的に利用を制限するような場合も想定され得る」という表現になっています。「利用を制限する」ですので、タブレット端末全体を制限できる、つまり使用を禁ずることができると、やや強引に読めなくもありません。しかし、先ほど紹介した一年後の通知では、「端末やサービスの機能の一部（傍点筆者）を制限」というように表現が微妙に変更されており、端末そのものを制限できるとは読めなくなってしまいました。この一年の間、思うようにタブレット端末を活用しない学校に対し、川上は業を煮やしていましたが、それが反映された結果なのかもしれません。

一方、これはタブレット端末の問題というよりも、学級崩壊の問題だから、同問題における対応指針に従えばよいとする考えもあると思います。GIGAスクール構想にとって、学級崩壊したクラスにおける適用は管轄外の話だということです。

ところが、その具体的な対応指針が存在しないのです。それどころか、学級崩壊の定義が曖昧であり、その数をカウントするのが難しい状況です。

二〇二二年二月二一日に井坂信彦議員が提出した『学級崩壊の早期対応に関する質問主意書』では、学級崩壊の定量的な定義・基準の有無に関する質問を皮切りとし、以下のような問いが政府に投げかけられました。

まず、学級崩壊の段階・種類に応じた名称・分類の策定についてです。

文部科学省は学級崩壊を「学級がうまく機能しない状況」とし、その内容を「子どもたちが教室内で勝手な行動をして教師の指導に従わず、授業が成立しないなど、集団教育という学校の機能が成立しない学級の状態が一定期間継続し、学級担任による通常の手法では問題解決ができない状態に立ち至っている場合」としています。

しかし、「一定期間」とは曖昧な表現です。また、一口に学級崩壊とはいっても、その状況はさまざまです。結果、明確な定義がないため学級崩壊と認定するのが遅くなり、対応が後手に回るおそれが生じます。そこで、期間・程度といった定量的な視点を盛り込んだ定義を設け、段階や種類に応じた名称や分類を定めるべきだという提案がなされました。学級崩壊の形がさまざまであれば、それぞれに対し名前を付けて定量的に定義し、早い段階で学級崩壊と認定し早期対応すべしという発想です。同時に、状況や段階により分類された、それぞれの学級崩壊に応じた対処方針の策定や、発生時における教育委員会への報告義務等、六項目にわたり質問・提案がなされています。

同年三月四日には、この質問主意書に対して答弁書が送付されました。そこには、学級崩壊の状況がさまざまであるため、定量的な視点を盛り込んだ定義や、段階や種類に応じた名称・分類を作るのは困難であること、必然的にそれらに応じた方針の策定も難しいこと、そもそも複合的な諸要因によって発生するため、それらの要因に一つ一つ丁寧に対処する必要があるといった旨が書かれていました。そしてその対処にあたっては、スクールカウンセラー等を活用した教育相談体制の充実等によって支援を行っていることも記述されています。

質問主意書・答弁書のうち、どちらに理があるのかは脇に置いておきます。ただ、もしも学級崩壊の対処について明確な方針があり、それに従えば容易にタブレット端末の使用を禁止できたのであれば、今生じている問題を随分と縮減できたことは確かです。言い換えれば、GIGAスクール構想の通知に優越する方針を確認できないため、やはり学級崩壊のような、やむを得ない事情が生じた場合であっても、機能の一部を制限するのに留めよとしか読めません。

もし、この読み方が間違っているのであれば、学級崩壊を含め、目的外利用が頻発するような状況では一部の機能を「制限」するのではなく、使用そのものを「禁止」できるとする旨を明示したうえで、すぐ通知を改めるべきです。それでは教育の機会均等を損ねるというのであれば、オランダのように学力低下の懸念等を理由とし全面禁止にするとか、使用用途を学校・生徒・家庭間の情報共有に限定するといった方向性で議論を始めればよいだけの話です。

共同体による全人的教育という奇跡

日本の教育の目的は「人格の完成」です。これは、教育基本法に明記された文言であり、日本の教育を語るうえで欠かせない重要なものです。

『教育基本法制定の要旨（昭和二二年五月三日文部省訓令第四号）』には「人格の完成とは、個人の価値と尊厳との認識に基き、人間の具えるあらゆる能力を、できる限り、しかも調和的に発展せしめることである」とあります。しかし、この文言は「人格の完成」の意味するところが限定されているとは言いがたく、定義と呼ぶには不十分でしょうし、そもそも人格の完成という目的に難があるように思えます。実際、この目的に関しては、教育基本法を考案する段階から疑問を呈されていました。

サラリーパーソンや自営業者は特に、この目的にかなりの違和感を覚えるはずです。限られたヒト、モノ、カネという手持ち札を武器とし、利益を最大化すべく、どの市場で勝負するかを考えてきた人々から見れば、全ての能力の伸長を目的にするなんて暴挙に等しいからです。ラーメン店を新規開店する際、あらゆる顧客をターゲットにした店づくりなんて、最もやってはいけないことの一つです。そんなことは、美容院・居酒屋・学習塾と職種を問わず、当たり前すぎてここに明記することが躊躇されるほどです。

ところが、不思議なことに、この無謀な試みこそが、日本の子どもたちの学力・モラルを下支えしているのだという指摘が諸外国からなされています。知・徳・体を含めたあらゆる側面の能力伸長を目的とした指導は全人的教育と呼ばれ、令和の教育においても引き継がれています。

この奇跡のような現象を考えるうえでのキーワードが「共同体的機能集団」です。政治学者、社会学者の小室直樹氏はその著書にて、戦後に村落共同体が崩壊したことにより、「官庁、学校、企業などの機能集団は、同時に生活共同体であり運命共同体」になったと看破しました。

官庁、学校、企業などの機能集団は、同時に生活共同体であり運命共同体である。各成員は、あたかも「新しく生まれたかのごとく」この共同体に加入し、ひとたび加入した以上、他の共同体に移住することは著しく困難である。しかも、彼らは、この共同体を離れては生活の資が得られないだけでなく、社会的生活を営むことすら困難である。かくて、共同体は、各成員の全人格を吸収しつくし、個人の析出は、著しく困難なものとならざるをえなくなる。

（『【新装版】危機の構造』ダイヤモンド社、二〇二二年）

村落共同体なき今、官庁、学校、企業という共同体の維持は絶対です。「社会的生活を営むことすら困難」とあるように、給与を得られないばかりか居場所を喪失するのですから、さまざまな意味でなくてはならない存在です。したがって、共同体の維持が全てに優先する、という前提で考えてみます。

こうなると、たとえば企業（機能集団）の目的（機能）である利益追求と、絶対条件である共同体の維持が正面衝突すれば、必然的に優先されるのは共同体の維持の方になってしまいます。つまり、共同体の維持という制約により身動きが取れなくなり、営利企業にもかかわらず、利益の合理的な追求が難しくなるわけです。その先に、破滅的な状況が待ち構えているのは明白でしょう。

以上のことは、今から約五〇年前に、小室氏が見た日本の未来図です。機能集団と共同体の間で生じる矛盾に苦しむ組織は今なお健在であり、この見立ての賞味期限は切れていないと思います。その詳細は、是非同書をお読みください。

さて、ここからは私の考えです。小室氏の考えとずれが生じていることにご注意ください。

私は、ある時期までは、この矛盾が学校においては最小限に留まっていたと考えます。それどころか、共同体的機能集団という矛盾含みの学校だからこそ、全人的教育という暴挙が、曲がりなりにも達成できていたと見なしています。

共同体の特徴は、その内部に存在する独自の規範にあります。有無を言わさず従うことが要求される学校独自のルールは、そんな規範の一例です。

学校の規則や先生による指導は、ありとあらゆる面に及びます。算数の掛け算の順番、服装や頭髪、生活習慣、体力づくり、友達との接し方、果てには異性との付き合い方や夏休みのラジオ体操に至るまで、知・徳・体どころか、私生活を含めた全方面に対し教育的指導がなされます。

この、生徒をがんじがらめにする指導・規則の徹底は、まさに全人的教育そのものです。しかも、かつては学校に所与性・権威が十分あったので、これらを指導するにあたり、教育的指導の妥当性など必要ありません。現代から考えると、非常に低いコスト（指導にかかる時間・労力）で指導ができ、しかもそれに生徒たちは従うのです。

ここに、全人的教育という目的と、共同体の維持という絶対条件が、分かちがたく結びついていた学校の姿があります。「共同体は、各成員の全人格を吸収しつくすかのように、あらゆる面に及ぶ独自の規範を設定し遵守を求めますが、それ故に学校という共同体では全人的教育ができるのです。したがって、共同体の維持が絶対条件になったところで、目的の達成との間に矛盾は生じません。それどころか、目的を達成するためにも、共同体の維持は絶対に必要です。こうした学校教育には多くの問題もありましたが、全人的教育の達成という点だけを考えれば、共同体的機能集団としての学校は最適だったどころか、これ以外の形は考えにくいとさえ言えます。

しかし、この奇跡のような現象に陰りが生じています。

先述したように、二〇〇一年に出版された『思春期の危機を生きる子どもたち』では、いちいち教育的指導の妥当性が求められるようになった当時の変化が描かれていました。昨今の教育現場では「１００円×５個＝５００円は正解で、５個×１００円＝５００円はなぜ不正解なのか」「どうしてツーブロックはダメなのか」「こんな暑いなか体育をするのは危険ではないのか」等々の声がしばしば上がり、教育的指導の妥当性を問われるようになったのです。

ここでの具体例は、どれもこれもが傾聴に値するものであり、私自身も共感するところです。しかし、このように一つ一つ妥当性を説明していたら、とてもではありませんが全人的教育などできようがありません。

外部から教育的指導の妥当性を求められ、しかもそれに学校内部が応じなければならないということは、もはや外部と隔絶した学校内部の独自ルール（規範）は取り壊されつつあるということです。それと歩調を合わせるように、学校という共同体もまた崩れていくことで、必然的に全人的教育はより困難になるでしょう。近年増加傾向が指摘されている学級崩壊に至っては、文字通り共同体は崩壊しており、全人的教育どころか全人的教育不全が生じています。

そうかといって、この全人的教育は、教育基本法に刻まれた「人格の完成」から生じているため撤回するのも難しい。二〇〇六年の教育基本法改正を巡り、同法は準憲法的性格を有するとして大きな反対論が巻き起こったことも考えれば、教育の目的である「人格の完成」そのものにメスを入れるのは至難の業です。

増加傾向が指摘される学級崩壊について、少し付け加えることがあります。第三章で紹介するGIGAスクール構想に関する議事録を読むと、先生は生徒たちを適切に指導できるため、タブレット端末も問題なく適切に管理できるという前提で話を進めている論者を多数確認できます。こうした認識を持ってしまうのは、もちろん川下の実態を把握できていないからなのですが、それともう一つ、学級崩壊が問題化した一九九〇年代後半以降において、委員の皆さんが小中学校に在籍していなかったことが関係しているように思います。

当時、学級崩壊を含めた一連の現象は「新しい荒れ」と呼ばれました。昔のように、ツッパリのようなそれと分かる一部の不良が先生に反抗するのではなく、ごく普通に見える生徒が、先生の指示に従わず好き放題に振舞うため「新しい」というわけです。私自身、「新しい荒れ」の象徴のような公立中学校に通っていましたので、その実態は皮膚感覚で理解できているつもりです。

その一方、一連の議論に参加した委員たちの年齢を考えると、「荒れた学校」ならば分かるでしょうが、「新しい荒れ」を感覚的に理解するのは難しいのかもしれません。そして「新しい荒れ」が分からなければ、先生の指示に従わず、好き勝手にタブレット端末で遊ぶ、ごく普通に見える生徒の姿もまた、想像しにくいようにも思います。「新しい荒れ」を経験した私の世代からすると、子どもたちがタブレット端末で抜け道を発見し遊び倒すという姿は容易に予測できるものですが、それもまた世代によっては難しいのかもしれません。

規制を突破する数々のテクニック

機能の制限に関する話になりましたので、それを突破するテクニックについても記しておきます。ここで紹介する数々の悪知恵から、その対策の難しさがよく分かると思います。

まず、よく使われているテクニックとして、YouTube 等の特定サイトの閲覧制限を突破したり、検索履歴を隠してネットを楽しんだりするものがあります。

学校の授業でも利用するグーグルアースによる突破術は、そんなテクニックの一つです。たとえば、同アプリで「ヤフー」と検索し表示されるページからＬＩＮＥヤフー株式会社のホームページに飛んだ後、同サイト内の会社のサービスを紹介するページからリンクにアクセスすることで、本家本元の Yahoo! に到達するという、なんだかマネーロンダリングを想起させるような方法があります（二〇二三年一一月時点）。対策が緩い学校だと、この方法だけで先生にばれることなく制限を突破し、動画・SNS・電子マネーを使用したショッピング等々、ほぼ何でもできます。

こんな回りくどいことをせず、閲覧制限を解除してくれる便利なサイトを利用する方法もあります。そのサイトにYouTubeのような規制されたサイトのURLを貼り付けると、たちまち規制をくぐり抜けアクセスできるというわけです。

こうしたテクニックを無効化する対策が講じられたとしても、その対策をさらに上回るテクニックが流通します。何としてでも学校のタブレット端末で遊びたいという、依存症の患者を想起させるほどの強い欲求はユーザーの需要そのものであり、それが金や承認欲求の充足（再生回数・アクセス回数）になると踏んだネットユーザーたちが、新しい突破法を次から次へと紹介するのです。詳細が気になる方は、手持ちのスマホでSNSやYouTubeにアクセスし「学校　タブレット　ブロック解除」といったワードで検索してみてください。子どもたちからいろいろなテクニックを聞かされてきた私でさえ、思いもよらぬ方法が見つかり唖然としました。正直に言うと、今の子どもたちにタブレット端末を巡る戦いを挑まれたとして、私は勝てる自信がありません。

こうした状況からか、ある生徒は「やり方はすぐ広まるんで、後は（それをどのタイミングで試すかという）度胸の問題」と言います。つまり、これはファーストペンギンの話と同じです。サメのような外敵がいるかもしれない危険な海に魚を求め、最初にダイブするペンギンのことです。このペンギンが無事であることを確認した後、徐々に他のペンギンたちも海に飛び込み魚を得るというわけです。

先生に怒られることを恐れない、ちょっとヤンチャな生徒がファーストペンギンとして新しい突破方法を試みるようですが、本当に厄介なのはそういう生徒ではなく、突破術をクラスに広める知能犯のように思います。定期的に脇の甘い生徒が摘発されたとしても、先生による調査が隙のない知能犯に達するとは考えにくいため、またそのうち新しい突破方法をクラス中に広めることでしょう。知能犯は優れた知性を持っている可能性が高いでしょうし、実際に成績優秀な優等生であることが多いようで、なおさら先生から疑いの目が向けられにくいという背景も対策を難しくしています。卓越した能力を持った小中学生の場合、試験前に集中力を発揮して勉強すればトップクラスの成績が取れてしまうので、そもそも授業を聞く動機が生じにくいという事情も関係しているように思います。暇で仕方のない彼らは、ある意味では誰よりもタブレット端末の目的外利用に飢えています。

テクニカルな対策だけでなく、アナログな手を打つこともあります。もはや技術戦では勝ち目がないと考えたのか、あるクラスでは抜き打ちで教室の後ろから先生が入り、タブレット端末の目的外利用を取り締まっているのだそうです。が、そんなアナログな取り締まりに対し、生徒たちもまたアナログな方法で対応します。廊下で誰かが歩く音がするたびに、廊下側に位置する生徒が大きな物音を立てる等の合図を送ることで、取り締まりを回避するのです。空振りに終わってもよいから合図を送るという方針が徹底されているようですが、その組織力・団結力を他のことに使えないのだろうかとも思います。

その他、画面の左半分で計算ドリルを解きながら、右半分でYouTubeのゲーム実況動画を楽しむというマルチタスクに勤《いそ》しむ生徒や、先生がタブレット端末を総点検するタイミングを把握し、その直前で不要なデータを隠蔽後、ほどなくして復元する生徒たち等々、呆れつつも思わず感心してしまうほど多彩な方法を子どもたちは駆使します。これらのテクニックが横行するなか、忙しい先生方に適切な管理監督を求めるのは酷というものです。

ちょっと話は逸れますが、そもそも何もテクニックを弄さず、シンプルにタブレット端末を遊び倒しているというケースも見られます。もはや先生の目の前でゲームをするといった大胆なことさえしなければ、何をしても許されるという状況です。適切な管理監督は不可能だと考えた先生が、見て見ぬふりをすることで業務量を縮減し、自身の心身の保全に努めているのでしょう。

GIGAスクール構想が掲げる、自らを律することのできる生徒がタブレット端末を制限なく使うことで、よりよき教育を目指すという理想には、私を含め多くの人が賛同するでしょう。しかし、川上で提示されたその高邁な理想を川下から眺めると、あまりにも眩しすぎて正視に堪えません。

なかには、勇気を持って子どもたちにタブレット端末を委ねれば、最初は多少の失敗や目的外利用があったとしても、そのうち落ち着くので子どもたちを信頼しましょう、といった楽観論を提唱する方々も目に付くのですが、とてもではありませんが賛同できません。環境が整った特定の学校における成功例を根拠とし、生徒に委ねましょうと主張しているようにしか思えないのです。特殊な事例を粗雑に一般化・横展開すべく、具体的な方策を示さず川下に押し付けるだけという、繰り返されてきた愚行はもうやめるべきです。

本節の最後に、私の塾について少し触れておきます。

先述したように、私の塾では積極的に不登校児やその予備軍を受け入れてきました。そして学校に馴染めない子どもたちにとって居心地のよい空間づくりを心がけるうちに、いつの間にか学校とはまるで違う居場所が生まれたように思います。学校・先生・同級生の悪口・愚痴・不満といった本音が許される場所であり、おいそれとはガミガミと指導されない空間だということです。大人の社会でたとえるならば、会社帰りに同僚と行く居酒屋のような雰囲気になることもあります。授業の合間や休憩時間には、次から次へとよもやま話が聞こえてくるわけです。必然的に、タブレット端末が導入されてからほどなくして、本書で紹介してきたような話が次々と耳に入ってきました。

一方、それは学校や生徒の今を知るうえで、よいことばかりとは限りません。私がいる川下は、生徒たちの本音という名の悪い部分が特に見えやすい場所であり、それはそれで偏りがあることも事実だからです。塾の生徒の学力は大変にバラつきがあり、川上からよく見える生徒とは随分と違うようにも思います。

しかし、どれほど悪い部分が見えようとも、今や学級崩壊はどのクラスでも起こりうることは確かです。「どの学校も、各学年で1クラスぐらいは学級崩壊してしまうのが、当たり前になってしまっている」（中村前掲書）という声が示唆するように、どう低く見積もっても各クラスで学級崩壊が起きる確率は数％というレベルではないでしょう。

学級崩壊が生じたクラスでは、タブレット端末の適切な利用など望むべくもありません。そして崩壊していないクラスでも、手練手管を駆使してタブレット端末を操り先生を欺くことで、好き放題に利用しているケースは多々あります。タブレット端末の適切な利用が非常に難しいクラスの数は無視できないほど多く、川上はきちんとこの実態を直視するべきです。

所与性の低下により生じる空気の支配

所与性の崩壊は、学校・クラス内におけるルールの崩壊をも意味します。必然的に、理不尽な校則や先生の指導も機能しなくなり、生徒は自由で快適な生活を送れそうですが、どうもそうとは限らないようです。ルールが消えた代わりに、空気という名の曖昧な掟が姿を現すからです。

ここで、山本七平氏の『「空気」の研究』（文春文庫、二〇一八年）を参考にしながら、こんな単純化されたケース（モデル）で思考実験をしてみます。

何もルールがない無法地帯であれば、安定した集団生活は望めそうにもありません。そこで、集団として日々を営むには、一定量のルールが必要だと、とりあえず仮定してみます。

堅牢な所与性が集団にあれば、そこには疑う余地のないルール（伝統・慣習等）があるわけなので、それに従えばよい。集団が安定するためのルールは十二分に存在します。

しかし、所与性が崩壊しつつあったり、そもそも存在しない集団だったりすれば、不足しているルールを人間自らの手によって作るしかありません。全員が完全に自由で平等な立場として参加する議論は、そんなルールを作る一つの方法です。

しかし、議論ができなければどうなるでしょうか。とりわけ、まずまず同質性が高い人々で集団が構成されているため、明確に言葉と言葉を交わさずとも、何となしにコンセンサスを得られそうな状況であれば、先に述べたような議論は起きそうにもありません。

ここに、空気という名の曖昧な掟が発生する余地が生まれます。

一人ひとりが他の人々の胸の内を探ることで、各々が何を正しいと考えているかを推測する。その結果をもとに各々が振舞うことで、決して明文化はされていないものの、その集団（クラス）を支配する曖昧な掟が徐々に形成されていく。その掟は、まるで空気のように摑みどころがなく、いつの間にか変わってしまったり、強力になったり弱くなったりもする。しかも、掟を破ったら（空気を読めなかったら）罰則が待ち構えているため、絶えず読み間違えないようにすべく、不断の努力が求められる。つまり、集団に必要なルールが不足したとき、それを補うかのように、いつの間にか発生する曖昧な掟のことを「空気」と定義するというわけです。

言うまでもなく、こんな空気が支配する組織であれば相当に息苦しい日々を強いられます。そしてそんな空間は、所与性が崩壊しつつある学校で増えているように思います。

広がる空気と逃げる生徒たち

息苦しい空気であっても、ひとたび下校すれば逃れられる、というわけではありません。中学生にもなると、クラスメイトのほとんどが参加するLINEグループが形成されるように、学校内で実際に存在しているグループが、そのままネット上に引き継がれるからです。結果、息苦しい空気の読み合いは下校後も続きます。特に女子生徒の場合、いわゆるスクールカーストの高い女子の動向に敏感にならざるを得ず、クラスの状況によっては大変な苦労を強いられます。空気を読み間違えた生徒が、LINEグループから退会させられたり、SNS上で嫌がらせを受けたりして不登校になってしまったというケースもよく聞きます。実際の学校生活でさえ、事前にいじめの芽を察知するのは容易ではないでしょうが、SNS上ではなおさら難しくなることで、先生方も多大な苦労を強いられるわけです。

一方、この空気の支配から逃れる方法もまた、ネットから調達することが可能です。第一章で先述した、リア友よりネッ友の方が楽でよいとする生徒の声が示唆するように、こんな空気の読み合いに嫌気がさせば、安住できるネット上の居場所を見つければよいわけです。が、そんな居場所での過ごし方を間違えると、たちまち負の副作用が大きくなることも先に述べたとおりです。

こうしたSNSに端を発するさまざまなトラブルもまた、先生の仕事量を増やす一因になっています。これが学校内で、しかも学校から配布されたタブレット端末の使用によって生じた事件となれば、学校や先生がその責任を問われるケースも出てくるでしょう。所与性が崩壊していることを鑑みれば、タブレット端末を生徒に使用させたことそのものに、妥当性・根拠に関する疑問の声が向けられる事態も容易に想定されます。

こうした川下からの懸念を、きちんと川上の議論にて表明する委員もいらっしゃいます。当時、千葉県柏市立手賀東小学校校長であった佐和伸明氏は、次に記すとおり川下の声を代弁しています。

優れたデジタル市民になるために必要な能力を身につけさせる、そのために子どもたちの自律に任せる教育が必要だということは大変よく分かります。そうなると、授業中、子どもたちが必要に応じて自由に端末を使うことであるとか、今、話題になっている家庭への持ち帰りとか、こういうことを推進していく必要があると思うのですが、現場の教師の悩みとしては、子どもたちが自由に使っていて、問題が発生したとき、それに対応できるのか、場合によっては、それで自分自身が責任を問われるようなことになるのではないかという懸念、なかなか進んでいかない現状があります。

（『GIGAスクール構想に基づく1人1台端末の円滑な利活用に関する調査協力者会議（第3回）議事録』 https://www.mext.go.jp/b_menu/shingi/chousa/shotou/167/

gijiroku/mext_00946.html）

現場の先生方は、この主張に強く共感するのではないでしょうか。

しかし、この指摘に対する明確な返答はありませんでした。実際に仕事をするうえで生じる問題点を、美しい理想を語る川上で主張したところで、残念ながら軽んじられてしまうわけです。これもまた、「高大接続改革」における議論においても頻繁に見られた現象です。

砂上の楼閣のＧＩＧＡスクール構想

そもそも、ＧＩＧＡスクール構想は成功し得ない仕組みになっています。

ＧＩＧＡスクール構想には、タブレット端末を生徒が適切に使えるようになるという前提があります。教科学習だけに限らず、さまざまな場面で生徒たちが制限なく自由にＩＣＴ機器を使うことが目指されているのですから、そうならざるを得ません。

しかし、この前提を達成するのは難しい。これまで記してきたとおり、ゲーム・SNS・動画サイトの依存性は強く、そして学校のタブレット端末の規制は容易に突破できるため、前提を満たせないクラスが続出します。

一方、こうした懐疑論に対し、積極推進する委員たちは「べき論」で対抗します。これからの時代、一人ひとりが自律してICT機器を適切に利用できないといけない。だから、難しいことだけれどもチャレンジするべきである——こうした「べき論」は、GIGAスクール構想を巡る議論のなかでもよく見られました。今後、自律的にICT機器を利用できる人材でなければ話にならないので、たとえ難しくても挑戦しなくてはならず、教育界全体で頑張りましょうということです。

仮に、この「べき論」が正しかったとしても、それを壮大な構想の前提にするのは決定的に間違っています。達成が難しい「べき論」を前提とし、やはり達成が不十分であれば、前提の上に成立するものが崩壊するからです。教科学習のみならず、あらゆる場面でICT機器を制限なく使用するという、劇的な変化が生じる未来を想定しているのであれば、その崩壊により生じる被害もまた甚大なレベルに達するでしょう。

そんな難しい「べき論」は、何かの前提にする必要はないし、してはならないものです。シンプルに、達成するべき「目的」と見なせばよいだけの話です。達成すべきという考えは分かりますが、だからといって何かの前提とする必要性はみじんもありません。

これは、順番があべこべだから、こんな訳の分からないことが起きるのです。Society 5.0 構想を達成するために、一人一台端末の積極活用を推進するという結論が最初から存在しているので、無理のある前提が後付けで生じたということです。一定の情報リテラシー（うまくあつかう知識や能力）を備えてから積極活用しましょうという前提では、リテラシーが備わらないので活用できないという学校が相次ぐ可能性が高く、結論の実現が危ぶまれるため都合が悪いとも言えます。

こうして、川下の実態を知らない人々による夢物語のような結論を導くために、「制限なく自由に使わせる過程で適切に利用できるようになる」という、同じく夢物語のような前提を後付けするという構図が見えてきます。夢物語のような前提のうえに建立されたＧＩＧＡスクール構想は、砂上の楼閣そのものです。

諸外国では、年齢に応じた適切なネット利用について対策が進んでいます。それに対し、デジタル後進国・日本のしていることは、包丁を持たせた乳幼児に料理の練習をさせるかのごとく、あまりにも能天気です。たまに指を怪我するかもしれないけど、そのうち上手く使えるようになるから大丈夫とでも言うのでしょうか。包丁を使える年齢というものがあるように、ネットに溢れるリスクに対し、一定レベルの適切な判断ができる年齢というものが存在するはずです。そういった当然考えられるべきことに対し、あまりにも無策すぎます。

第三章　川下から見えてくる教育改革

中学生に馬鹿にされるアンケート

「この間アンケートがあって、タブレットを使った授業は充実していますかみたいな質問があったんですけど、授業中にタブレットで遊びたいんだから充実しているって答えるに決まってますよね、これ作った人バカなんですか？」

中学生の生徒から、ドキリとする言葉が発せられました。

褒められた言葉遣いではありません。しかし、私自身が思っていることと同じだったのです。授業中、好き放題にタブレット端末で遊ぶ小中学生にアンケートを取ったところで妥当なデータが得られるはずはなく、現場である川下の実態など摑めるはずがありません。

辛辣な言葉を発した彼は、表面上は成績優秀な優等生です。暇な授業中、タブレット端末でYouTubeの競馬動画を視聴していますが、優等生故の如才のなさを発揮するためか、一度も先生にばれたことはないと話します。ばれずに楽しむためのテクニック（画面の明るさを最低にして遠くからは悪事が見えないようにしたうえで、先生が近づいた際には即座に画面を切り替えられるよう準備をしておく等々）を駆使しているようです。彼のような生徒や、その同級生たちの姿を知るたびに、面従腹背の姿勢は教育界全体に浸透しており、それは生徒でさえ例外ではないことを実感します。

さて、「これ作った人バカなんですか？」という言葉はいただけませんが、おおむね彼の主張に同意した私は「でも、このアンケート結果を真に受ける大人もいるんだよ」と返答したところ「中学生を舐めすぎですよね」と、真顔で応答されてしまいました。

「中学生を舐めすぎですよね」という言葉は随分と乱暴です。しかし、意外と問題の本質を突いているように思います。上意下達が浸透する教育界にて、川上の人々が無理難題を川下に押し付ける。各川下にいるそれぞれの人々が、あたかも指示を達成したかのように誤魔化す。結果、幾重にも誤魔化された現場の姿や情報が川上にまで届き、一般的とは到底言えない生徒像が形成されていく。その姿は純粋無垢である一方、大人が持つ狡猾さの類は捨象されてしまい、どことなく幼い。「中学生を舐めすぎですよね」とは、タブレット端末に関するアンケートに対し馬鹿正直に答えるという幼い中学生像を想定した、川上に位置する人々への皮肉のようでもあります。

信じがたい議論の数々

中学生による痛烈な批判を耳にしてから数か月後、私は思いもよらぬ場面に直面し困惑します。それというのも、GIGAスクール構想に関する議事録を読んでいたところ、次のような文言が目に飛び込んできたからです。

17のスライド、ICTを活用した学びとございますけれども、学校の授業でICTを活用するかということで、ほぼ毎日と週3回以上という回答は、質問によって異なりますけれども、2割か4割程度でございます。特に自分の考えをまとめたり、友達と意見交換する場面の活用は、より少なくなっております。

他方で一番下、子供たちのほうは、9割以上がICT機器が勉強に役立つと肯定的に回答をしておりまして、より積極的に学校現場での活用を進めていく必要があるということでございます。
（『個別最適な学びと協働的な学びの一体的な充実に向けた学校教育の在り方に関する特別部会(第2回)議事録』 https://www.mext.go.jp/b_menu/shingi/chukyo/chukyo3/087/gijiroku/mext_00001.html）

引用文冒頭で記された一七のスライドには、令和四年度全国学力・学習状況調査における児童の回答結果がまとめられています。つまり、学校でのＩＣＴの活用は抑制的だけど、生徒たちはＩＣＴ機器の効果を実感しているのだから、どんどん積極活用するべきだとする論です。

大変失礼ながら、まさかこの主張を真に受けたのだろうかと心配になりました。この論に対し、ただの一つも反論がなかったからです。

中学生が指摘するように、こんなアンケートで川下の実態を調査できるはずがありません。遊びたくて仕方のない生徒たちが虚偽の回答をし、データの妥当性が低下する可能性が高いからです。なお、この特別部会とは別のワーキンググループでも、同様のアンケート結果からタブレット端末の有効性を主張する論者がいらっしゃったことを書き添えておきます。

問題含みのデータがたくさんあるだけでなく、相当強引な解釈も目に付きました。たとえば、デジタル教科書実証事業の一環で行われた『令和4年度 中間アンケート調査（教師向け）「主体的・対話的な学び等との関係」【速報】』（教科書WG（第四回）で配布の「資料2」に掲載）についてです。同調査では、「児童生徒は、授業では、課題の解決に向けて、自分で考え、自分から取り組むことができている」および「児童生徒は、学級やグループでの話合いなどの活動で、自分の考えを相手にしっかりと伝えることができている」という各質問に対し、デジタル教科書の使用頻度が高い教師ほど「そう思う」と答えた割合が高いとする結果がまとめられていました。

仮にこのデータが妥当なものであったとしても、次に示すように強引な解釈をする者もおり、気が滅入りそうになりました。しかも、それに対する異論・反論はまたしても出てきません。

アンケートの結果については、デジタル教科書だけのことを反映しているのではなくて、結局はGIGA環境になってのICT活用の経験の差だということを感じています。ただし、使えばそれが向上しているということは明らかですので、とにかくやはりGIGA環境を皆さんが使うことが全てにつながることだと思います。ですので、広めるためにはとにかく使える環境を用意して、どんどん制限なく使うことが一番重要だと思います。

（『教科書・教材・ソフトウェアの在り方ワーキンググループ（第4回）議事録』 https://www.mext.go.jp/content/20220825-mxt_kyokasyo02-000024664_7.pdf）

要するにこれは、どんどん使えば主体的・対話的に学べるようになるから、制限なくタブレット端末を使わせましょうという論です。

しかし、この解釈はさすがにないでしょう。「積極的に使った」から「主体的・

対話的に学べるようになった」とする論は、実のところ逆であるという可能性を無視しているからです。現場で四苦八苦する先生方からすれば「主体的・対話的に学べる生徒たち」なので「積極的に使うことができる」のだと言いたくもなるでしょう。荒れているクラスでデジタル教科書を積極的かつ適切に使用するのが至難の業であることは明白です。

さらに言えば、「積極的に使った」ものの、「主体的・対話的に学べるようにならなかった（たとえば、生徒がタブレット端末で遊び惚けてしまい授業が成立しなかった）」ので、端末の使用頻度を低くせざるを得なかったという、よくあるケースも考慮に入れていません。

このパターンを念頭に置けば、今なお使用頻度の高い先生が「主体的・対話的に学べている」と回答する割合が不適切に高くなってしまい、データの妥当性が損なわれることが分かります。

たとえば、積極活用していた当初は、生徒が「主体的・対話的に学べている」ケースと「学べていない」ケースがそれぞれ50、つまり1対1であったとします。その後、先述した理由等により、学べていなかった50のクラスのうち25のクラスでタブレット端末の積極使用を断念すれば、「主体的・対話的に学べていない」が50－25＝25になります。結果、積極活用を始めてから時間が経過することで、当初は1対1だったはずなのに、いつの間にか2対1に変質してしまうのです。

実は、こうした問題含みのデータの見せ方や解釈の数々は、今回に限ったことではありません。大学入学共通テストへの記述式問題導入を目指したものの失敗した高大接続改革でも、同様の事例が散見されました。

> 国立大学の二次試験においても、国語、小論文、総合問題のいずれも課さない募集人員は、全体の約6割にのぼる。
>
> 共通テストに記述式問題を導入し、より多くの受験者に課すことにより、入学者選抜において、考えを形成し表現する能力などをより的確に評価することができる。このことで、高等学校における能動的な学習を促進する。

（文部科学省『高大接続改革の進捗状況について』 https://warp.ndl.go.jp/info:ndljp/

pid/11293659/www.mext.go.jp/b_menu/houdou/28/08/__icsFiles/afieldfile/2018/04/25/1376777_001.pdf)

六割の国立大生は記述試験を受けずに入学していると解釈されかねない危うい文章です。言うまでもなく、これは国語、小論文、総合問題に絞って調査しているので六割になるのであって、全教科に対象を広げれば、むしろ記述試験をせず入学している国立大生は稀な存在だという結果になります。川下にいる先生や受験生からすれば、あまりにも当然のことです。

ところが、この恣意的なデータの取り方と、誤解を誘発するような文言は独り歩きし、いつの間にか「国立大生の六割はマークシートの試験しか受けず、一文字も書かずに入学している」という話に変貌を遂げます。事実、時の文部科学大臣と教育再生実行会議の座長は、この変質した情報を信じていました。上意下達体制における最上流がこれでは、まともな方針など生まれるはずもなく、川上から川下に毒が流れるのは必定です。

大いに問題のあるデータや、強引すぎるデータの解釈があちこちで生じ、いつの間にかいろいろな文脈・前提・難点が削ぎ落とされることで「生徒の九割はタブレット学習の効果を実感している」「タブレットの積極利用が生徒の主体的・対話的な学習を促す」「国立大生の六割は一文字も書かずに入学している」といった歪な結論が、川下から川上に遡上してしまう。そしてその水面には純粋無垢な小中学生が映っているようですが、それは当の本人たちから見れば「中学生を舐めすぎですよね」と思わず言いたくなるほど現実離れしてしまうのです。実際、一連の議論のなかでは、生徒たちは先生の言うことをきちんと聞く存在であり、生徒のタブレット端末は適切に管理できるのだという前提で話を進める論者が多数いて、私はとても不安になりました。そんな聞き分けのよい子ばかりだったら、現場の先生たちはこんな苦労はしませんし、今ある教育問題のほとんどが瞬時に解決することでしょう。

前置きが長くなりましたが、ここで本章の目的を記します。

本章では、改革の対象は、学校や先生といった川下の存在ではなく、川上に位置する官邸・文科省（及び各審議会）であることを示します。悪政という名の毒が川下に流れ続けることで現場が疲弊しているのに、その毒の源流である川上を放置し、あろうことか川上に川下の解決策を考えさせるなど筋違いな話です。

厳しい言い方になってしまい恐縮ですが、川上は「川下からの信頼を失っており、まともなデータを収集できない」「そもそもデータを解釈できない／あえて恣意的に解釈することがある」「政財界の強い意志に引っ張られ、論理的・合理的な議論ができない」「川下の代弁者が少ないうえに、声をあげたとしても不当に軽視される」「信じがたいほど現場を知らない／知らないふりをする」「現場を把握できていないため具体的な議論ができない」「自身の教育思想を客観的な真実・科学的結論と勘違いする論者が議論を誤った方向に導く」等々の問題が山積しており、議論をするほど混迷する構造ができあがっています。

川上の強い意志により歪む議論

一人一台のタブレット端末を導入し個別最適な学びを実現しよう、共通テストに記述式問題を導入することで高校生の主体性や思考力を育もう……こうした政財界による強い意志を形にすべく、文科省が設置する数多の審議会において議論がなされます。政財界の強い意志をひっくり返すのは非常に難しいという意味で、審議会内部では強い意志は究極の目標に変換され、幾多もの困難をものともせず前に突き進むというわけです。以後、GIGAスクール構想の議論に関する具体例を紹介しながら話を進めていきますが、指摘される問題点なり特徴は、記述式問題導入を目指した高大接続改革でも見られたものであったことを強調しておきます。つまり、今回限りの一過性の現象ではなく、最上流に政財界が位置する場合に見られる宿痾であるということです。

さて、どれほど現実離れした強い意志だとしても、それに共鳴する有識者は必ず存在します。そんな彼らは、文科省が設置する数多の会議にて、自発的に最上流の強い意志を実現すべく議論を歪めていきます。その過程においては、随分と聞き分けのよい生徒を想定した楽観論も度々出現します。生徒たちがタブレット端末を自由に使用することで、個別最適な学びが実現するという論に至っては、もはや神の見えざる手でもあるのかとさえ思います。

教科書WG（第六回）では「ICT機器により得られる膨大な情報のなかから、個別最適な教材に出会える可能性が向上し、よりよき学びになる」という主旨の楽観論が登場し、しかもそれは原理的には全ての年齢で可能だと持論を展開する委員も見られました。しかし、受験産業に身を置く立場として意見を述べれば、これは理想論どころか夢物語です。

進学校に通う優秀な高校生がタブレット端末を自由に使い、個別最適な受験勉強の計画を立てるというのであれば分かります。大学入試に関する勉強法や攻略法の情報はネット上でも充実しており、まずまず整理されています。優秀な高校生であれば、タブレット端末で情報を収集し、個別最適な学習を進めるべきだとも思います。

ただ、もはやこれは実現しているとも言えます。入試本番が近づくにつれ、授業中に授業とは無関係の勉強を勝手に進める生徒が増えていくという、大変にありがちな進学校の光景が象徴するように、彼らはすでに、受験勉強という枠組みであれば個別最適な学習が一定レベルできています。

しかしながら、これは彼らの優秀さや勤勉さ、そして大学入試という大目標といった、さまざまな前提があってはじめて成立することです。後述しますが、優秀な彼らでさえ、「総合的な探究の時間」というタブレット端末を活用した学習状況は相当に怪しいものです。

これだけ情報が溢れかえった現代でさえ、「勉強のやり方が分からない」という悩みや相談は定番中の定番です。小中高生のみならず、親御さんからもよく相談を受けます。そんな状況にある川下からすれば、年齢を問わずＩＣＴ機器で個別最適な学びができるなどという先の論は、もはや夢の国でのお話であり理解不能です。

個別最適に楽ができたり遊べたりする学習ならば可能でしょうが、普通の小中学生が情報の海のなかから適切なものを選び取り適切に学習するなんて、あまりにも現実離れしています。そもそも、似非科学、偏った歴史解釈、デマ、フェイクニュースがはびこるネット上で、自由に情報を受け取るリスクについて無頓着すぎます。すでに実施されている情報モラル教育は万能薬ではありません。

一方、先の発言には「もちろん、一定の教育的配慮に基づく制限は必要でしょう。ただ、不自然な、あるいは不合理な制限は、学校を社会から閉ざされた学びの場にしかねません。適切なガードレール――これが何かということが大事ですが、それを設けつつ、学校での学びをいわゆるオーセンティックな学び、真正な学びにするということが大事かと思います」という言葉があったことも付け加えておきます。

適切なガードレールが必要だとするワードがあったことに少し安心しましたが、そのガードレールは、子どもたちからすれば容易に取り外し可能であるという事実については言及・検討がなされず、やはりピントがずれている感は否めません。まともに機能しないガードレールの問題を放置し、ガードレールの細々とした規格について考えても仕方がないでしょう。

当該議論は、デジタル教科書が本格導入される約一五か月前の、二〇二二年一二月二三日に実施されたものです。この時すでに、ガードレールを外して暴走する子どもたちの姿は、全国紙をはじめとした各メディアでも報道されていました。当時、そんな現場の状況が、果たして各委員にどこまで共有されていたのだろうかと不安になります。

勇気ある発言

ここまで、ほぼ批判一色で論が進んでしまいましたが、勇気を持って川下の代弁者として意見をする方々もいらっしゃいます。東明館学園理事・校長である神野元基氏は、次のように実情を吐露します。

この場で話すことが適切か、勇気の要ることだなと思いながらお話しさせていただきます。今、私も校長という立場でやらせていただいておりますが、その中において、実力のあるというか、思いのある先生なんていうのは、いわゆる教科書ということを上手に使いながら、それでいて子供たちにいろいろな個別最適な教育ということを施していくような授業をするんですけれども、正直、多くの先生方が、教科書と教科書に付随する指導書というものを、ある意味、写経し、朗読するという授業ということで授業を成り立たせるという在り方をしているような実情があったりします。

それくらいには、教科書やそれに基づく指導書というものが、非常に今の日本の教育ということを形づくるのに、現場に対して物すごいインパクトを出しているということに関しては、自分自身が感じていることであったりします。仮にですが、平川委員もおっしゃっていた、そもそも教科書の在り方であったり、教科書の在り方にひもづき、指導書の在り方なんていうところに関しても我々が議論をし、在り方ということに対して変えることができるのであれば、実は令和日本型学校教育の姿ということをつくりにいくのに当たって、これほどインパクトのある話ってないんじゃないかなと考えていたりします。

(『教科書・教材・ソフトウェアの在り方ワーキンググループ(第7回)議事録』 https://www.mext.go.jp/content/20230130_mxt_kyokasyo02_000027103_04.pdf)

夢物語の理想論を語る委員が多数見られるなか、それに水を差すような話です。ご本人がおっしゃるように「勇気の要ること」だと思いました。

奥歯に物が挟まったような口ぶりであり、その真意は分かりかねます。しかし、「正直、多くの先生方が、教科書と教科書に付随する指導書というものを、ある意味、写経し、朗読するという授業ということで授業を成り立たせるという在り方をしているような実情」という言葉は重く受け止めるべきです。

ここまで、随分と優秀な生徒を前提とし議論が展開されてしまった旨を記してきましたが、それは先生も例外ではありません。夢のような楽観論が展開されれば、そこに登場する先生もまた理想的な存在になりがちなのは当然です。会議において紹介された先進的な現場でも、優秀な先生や生徒たちで満ちており、指導書の写経・朗読により授業を成立させている先生など見当たりません。先生がファシリテーター（生徒の意見を引き出す進行役）となり、上手に生徒の主体性を促しているようです。しかし、そんな素晴らしい授業を川下から見れば、とてもではないが一般化できないと感じてしまうのでしょう。

その一方、川上の委員たちは、この素晴らしい授業は研修・意識改革等により、一般的な先生でも十分に可能であると見なします。川上と川下で見えてくる風景はまるで違うのです。ただし、政財界の強い意志がある場合は特にそうですが、どうしても川上に適合的な風景が優先され、川下の風景はさも例外かのように軽んじられがちです。

タブレット端末を生徒に委ねることで、それぞれの生徒が個別最適な学びをしたり、便利な機能を駆使することで生徒同士が協働的な学びをしたりするということは、理屈上は可能だと思います。その授業は筋書きのないアクティブなものとなり、創造的な学びも生まれることでしょう。生徒たちの考えがタブレット端末で共有されたり、意見交換をしたり、コメントを付けあったりするという状況は、これまでの一方向的な授業とは違って大変魅力的に見えます。実際、こうした授業ができるクラスがあることも承知しています。

しかし、「筋書きのない」と記したように、その内容は指導書に書かれておらず、写経・朗読では全く対応ができません。仮に対応できたとしても、依存性の極めて強いゲーム・SNS・動画サイトによる誘惑をはね除けるような価値のある授業にならなければ、たちまち生徒たちが目的外利用に走ることは目に見えています。この高いハードルを越えられる先生と生徒が集うクラスは、果たして学級崩壊が生じているクラスとどちらが多いのだろうかとも思います。

高邁な理想に対しコピペで対応する生徒たち

別の会議でもまた、先生の授業に関する実情が語られています。中学校教諭、小・中学校校長を経て埼玉県戸田市教育委員会教育長に就任した戸ヶ﨑勤氏は次のように主張します。

概して中学校では、ICTを使用しても、いまだに教師がよくしゃべって指示をする、私、教師主導型ICT授業と呼んでいるんですけれども、そういう授業が多く見られています。総合的な学習の時間におけるPBL型（※筆者注―問題解決型学習）の学びとか探求的な学びというのは、小中高と学年が上がるに従って、教師主導の、言うならば予定調和的な授業が増えて、学びの熱量とか、また質が下がってしまう傾向があるように感じています。

じゃあ小学校はいいかというと、小学校においても、ＩＣＴは使用しているんですけれども、グループ学習が単なる発表し合うだけの学習とか、向かい合って一部の子供だけがぼそぼそと話をしているだけの授業といったものも散見されておるところであります。

（中略）約３年先の端末の入替え、これを見据えた授業改善とか活用推進に本格的に本腰を入れて考えていかないと、今、理念的には大変きらびやかな、定食屋からブッフェに変わる主体的で深い学びの場なんていうことがよく言われて、それを目指すのは大いに結構ですけれども、ただ極論すると、ＩＣＴが文具じゃなくて玩具化して、主体的という名の下の放置、または対話もどきの雑談、言葉は厳しいんですけれども、深い学びではなくて不快な学び、こういったものが横行してくるのではないかという危機感を非常に強く持っているところであります。

（『個別最適な学びと協働的な学びの一体的な充実に向けた学校教育の在り方に関する特別部会(第2回)議事録』 https://www.mext.go.jp/b_menu/shingi/chukyo/chukyo3/087/

gijiroku/mext_00001.html)

戸ヶ崎氏は同部会の第三回でも、小中高と学年が上がるにつれて、学びの熱量や質が下がってしまう傾向に関し、「このところ全国の多くの自治体の教育関係者の方々と話す機会がありますが、皆さん、ほとんどの方が同じ問題意識を持っていますす」と指摘し、警鐘を鳴らしています。

「総合的な学習（探究）の時間（以下、総合学習）」は、決まりきった教科書のない分野横断的な科目です。文科省によると「変化の激しい社会に対応して、探究的な見方・考え方を働かせ、横断的・総合的な学習を行うことを通して、よりよく課題を解決し、自己の生き方を考えていくための資質・能力を育成すること」が目標として掲げられています。

同科目では、ＳＤＧｓのような世相を反映したテーマや、大学や高校に関する調べ学習といった進路選択に関するものが取り扱われることが多い一方で、なかには修学旅行の班決め、席替え、テストに向けた自習といった時間と化しているケースもよく見られます。

特に近年、タブレット端末が導入されたことで、こうした総合学習の形骸化に拍車がかかっていると感じています。問題解決型学習とはいうものの、その問題の答えをタブレット端末で検索し、コピー＆ペースト（コピペ）で資料を作成し終了してしまうという話が大変に多いのです。なかには、今話題のＣｈａｔＧＰＴで資料を作成するに飽き足らず、反省文まで作ってしまうという不届き者もいるようです。これ以上ないくらい反省の色が見られない反省文に対し、同級生たちが抱腹絶倒している光景が目に浮かびます。

コピペをすれば資料はすぐに作り終わります。無論、余った時間でゲーム・漫画・動画を楽しむというのがお決まりのコースです。総合学習が定める高邁な目標に対しコピペで応じる生徒たちの姿は、川上が押し付ける無理難題に対し、面従腹背で応答する川下の様子を大変よく象徴しています。川下の状況を把握せず、美しい理想を強引に流し込めば毒に転ずるという構図に、そろそろ川上は気付くべきです。

中高生の進路指導をする際、私は総合学習でどのようなことをしてきたのか、必ず聞くようにしてきました。同科目では志望校に関する調査をしていることが多いので、授業でどこまで進路について考えを深めてきたのかを知っておいた方がよいと思ったためです。また、私自身が何回か総合学習で授業をしたことがあったので、そもそも同科目に強い関心を持っており、雑談がてら生徒たちに話を振ることもよくありました。

しかし、「ググって（検索して）コピペして終わりです」といった回答ばかりで食傷気味であり、もはや聞く必要もないかなと感じています。あと耳にする進路関係の話はせいぜい、大学の先生による、学部ごとの講演会が開催されることくらいでしょうか。戸ヶ崎氏の指摘のとおり、中高生の総合学習のレベルはお世辞にも高いとは言えません。

この質の低さは、大学の推薦入試を指導する際、特に強く感じます。相応の時間をかけているはずなのに、難関大学を目指せる成績優秀な生徒でさえ、大学で専攻したいと考える学問について極めて不十分な知識しか持ち合わせていないケースが非常に多いのです。「経済学について説明してください」「理学と工学の違いは何ですか？」「自然科学と社会科学の違いは？」「そもそも科学とは何ですか？」といった質問をしても、まともな答えが返ってきた例しがありません。あれほど難しい入試問題を解く生徒たちの明晰さとの落差は、筆舌に尽くしがたいほどです。こんな状況では推薦入試の合格が危ぶまれますので、約一年前から適切な入門書を提供するという、ほぼゼロからのスタートを強いられています。

各学部・学科の理解が深まる有益な知識は、受験勉強に関するそれとは違い、ネット上で整理されているとは言いがたい状況にあります。優良な入門書と比べると陳腐なものばかりであり、生徒に推奨できる代物ではないのです。大学のホームページにしても、生徒を獲得するための広報としての位置づけが強く、やはり入門書の代替物にはなり得ないでしょう。この件に関し、優秀で真面目な高校生でさえ、タブレット端末による個別最適な学習は困難です。無限に溢れる情報から有益なものを選び取ることができ、それで個別最適な学習ができるとする楽観論は度が過ぎます。

ＧＩＧＡスクール構想に関する議論では、既存の学習法とのベストミックスも提唱されています。だから、総合学習の時間中、生徒たちにタブレット端末を委ねるのではなく、その反対に使用を禁じて書籍から知識を得るという方針だってよいはずです。コピペの資料を作らせるくらいならば、図書室に連れて行って自由にさせた方がまだマシではないでしょうか。

学校に求められる三つの実現

戸ヶ﨑氏は「教師主導型ＩＣＴ授業」が多く見られるとも発言しています。それはたしかに問題だと思いつつも、そうなってしまう事情があるなとも感じています。

生徒主導の問題解決型学習に対し、生徒間の能力差が大きいと、グループを組んでも一部の生徒ばかりが活動してしまい、学習機会に大きな差が出るという批判が散見されます。また、能力が高くない生徒は何もできずに座っているだけで無力感を募らせてしまい、ただ単に苦痛を与えるだけの残酷な時間になっているという主張も見られます。

そこを何とかするのが先生の役目だろう、という主張は正論かもしれません。しかし、私はその正論を述べる気にはなれません。それほどまでに、公立中学校における生徒間の能力差は大きいからです。

職業柄、とても言いにくいことではありますが、その能力差は残酷なほどです。たとえば、偏差値六五（上位の約七％）くらいの成績を取る生徒だと、もはや教科書レベルの中学数学など、ほぼ教える必要がありません。教えなくても、教科書を読めば容易に分かるというレベルです。もっと言いにくいことを記すと、そういった生徒の優秀さは、成績を確認する前の段階でだいたい分かってしまいます。会話をしていくと、そうではない生徒との明らかな違いが感じ取れてしまうからです。

一方、偏差値が三五程度（下位の約七％）の生徒だと、その逆の現象が生じます。手取り足取り丁寧に教える必要があるというよりも、いくら時間があっても足らないという状況です。教科書の全範囲を消化するなんて到底考えられず、教科書のどこを、どの程度削り点数を取るのかが焦点になります。これほどの能力差を考えると、多忙な先生方が生徒主導型の授業を断念し、「教師主導型ＩＣＴ授業」をしてしまうのも、ある程度は仕方がないなとも思います。

さて、ICT端末を使用した総合学習が低調ならば、当然のごとく制限なきタブレット端末による学習もまた、その質が危ぶまれます。「ICTが文具じゃなくて玩具化して、主体的という名の下の放置、または対話もどきの雑談、言葉は厳しいんですけれども、深い学びではなくて不快な学び、こういったものが横行してくるのではないか」という戸ヶ崎氏の指摘は傾聴に値するものです。

この件に関し、さらにもう一歩、踏み込んで話してみます。

私の塾には、いろいろな事情を抱えたお子さんもいらっしゃいます。その具体的な理由については記述できませんが、周囲の生徒に迷惑をかけるおそれがあり、他の生徒と一緒の空間で教えるのに難儀したり、それを断念したこともありました。学校の先生方の苦労には全く及びませんが、昨今目指されているインクルーシブ教育の難しさを感じることができます。インクルーシブ教育とは、障がい者の権利に関する条約に掲げられたものであり、その実現が日本においても目指されています。

『【総合的な学習の時間編】中学校学習指導要領（平成29年告示）解説』には、総合学習におけるインクルーシブ教育の在り方について記載があります。簡単にまとめれば、それぞれが抱える困難に応じた指導をするべきであり、インクルーシブ教育が難しいからといって、安易に学習内容を変更しないよう留意してほしいということです。

インクルーシブ教育の理念には心から共感できます。学習指導要領解説に書かれているとおり、個々の困難に十二分な配慮をすることで、障がいを抱えた生徒たちにも等しく学習の機会を提供するべきと思います。そして同じく、総合学習やGIGAスクール構想の理念そのものにも、一定レベルの共感ができます。

日本の教育現場に求められているインクルーシブ教育・総合学習・GIGAスクール構想は、それぞれが、それぞれの目的を十分達成すべく、合理性が構築されていきます。いきおい、学校が有するマンパワーを存分に活用し、その高い目標を高い水準で達成すべく、多くの要求を学校に求めることとなります。

しかし、それぞれの合理性は、学校現場ではミクロな合理性に過ぎません。各々が別々の水源を有するミクロな合理性は、最終的には授業という名の川下に流れ着くものの、流れ着いた後のことについては考慮が不十分であり、マクロな合理性の構築に失敗しています。

これら三つのそれぞれが、それ単独でさえ十分な実現が難しいものです。ですから、これら三つの実現を同時に、あらゆる学校に高い水準で求めるのは過剰要求だということです。

マクロな合理性が破綻すれば、授業そのものが機能不全に陥ります。結果として、全ての生徒のあらゆる学習に弊害が及ぶため、インクルーシブ教育をはじめとした、各々で構築したはずのミクロな合理性は跡形もなく崩れ去るでしょう。

マクロなレベルで、合理性がどれほど構築できているかを知っているのは、ミクロな合理性の合流先にいる川下の先生方です。しかし、川上との間に構築されるはずの信頼関係が不十分であるため、実態がきちんと川下から川上に遡上するのだろうかという強い疑念が残ります。

また、近年になり特に指摘されている、学校側のガードのかたさもまた、実態の把握を難しくしています。ある全国紙の記者からも、ネガティブなニュアンスを含んだテーマだと、ほぼどこの学校も取材に応じてくれないという実情を耳にしましたが、こうなると川下に流れ着いた毒が露見しないばかりか、どんどん溜まる一方です。

教育委員会に流れ、そして学校に流れていく

義務教育WG（第二回）では、学校における「管理職のリーダーシップ不足」を問題視する声があがりました。タブレット端末を十分に活用しない学校に対し、苦言を呈したわけです。また、こうした不適切な管理を改め、時代に合った教育実践を応援することが、教育委員会の役割であるとも論じられました。

これらの主張を読んだとき、やはりこのパターンかと思わずにはいられませんでした。高大接続改革でも、川上で抽象的な論を繰り返すだけ繰り返したあげく、難しい問題を川下に押し付けてほっかむりするという場面に何度も出くわしたからです。

高大接続改革の場合、夢物語のような理想を記述式問題という具体的な形にする

必要があったので、作問の段階で爆弾が破裂しました。導入予定だった約一年前という直前のタイミングで、記述式問題導入を断念したわけです。

この決定は、入試方式の大きな変更は二年程度前には公表すべしとする、通称「二年前ルール」に抵触するものです。同ルールを設定した文科省自身が違反したという点を含め、さまざまな意味で異例の決断だったと言えます。が、そうせざるを得ないほど、作問の段階で矛盾が膨れ上がってしまったのでしょう。その理由は拙著に記しましたが、日本の共通テストに適切な記述式問題を導入するなど不可能な話です。

しかし、GIGAスクール構想の場合、致命的な問題があろうとも川下に流し込めます。なぜならば、最終的な形にするのは、今回の場合は学校現場だからです。

高大接続改革の場合、作問の段階で、共通テストという最終成果物の作成を求められましたが、今回のそれは授業にほかなりません。具体的な話が遅々として進まなくても、教育委員会が現場と伴走しながら問題を解決していくべきとか、各学校の管理職がリーダーシップを発揮し推進しようとか、不完全ながらも現場で走りながら考えていこう等々の文言によって、川上で解決策を提示できなかった種々の問題を川下に放流できるのです。それどころか、課題解決の主体なり責任までもが、いつの間にか川下に帰せられているようにも思います。

さて、そんな文科省という川上と、学校という川下の中間に位置する教育委員会には、各学校を訪問して授業を視察し、先生にご指導をするという仕事があります。義務教育WG（第二回）でも、県の教育委員会が政令市を除いた全ての学校に年二回以上訪問し、ICT機器を積極活用した授業改善の必要性を先生方に理解させているといった、仕事のありようが記載されています。

一方、この教育委員会による視察は、概して先生方からの評判が悪い。視察に備え、校長から十分に準備すべしとの指示が降りてくることも多く、ただでさえ忙しい業務がさらにひっ迫するからです。入念に準備をして迎えれば普段通りの学校を見せることができず、有益なアドバイスが期待できないという点も不評の原因でしょう。ただし、教育委員会と学校のありようは地域差が大きく、両者の関係性が良好であるケースも存在することにご留意ください。

校長から指示があると記しましたが、学校組織は民間企業とは違い、管理職として校長・教頭がいるくらいで、かなりフラットな空間であるというイメージが、なんとなく世間一般にあるように思います。いくら校長から指示をされても、そんなことはどこ吹く風と受け流しそうな個性派教師の一人や二人、頭に浮かぶ方も多いでしょう。

たしかに、かつては鍋蓋型と呼ばれたように、よくも悪くも学校は平等な組織体でした。しかし、現在では校長─副校長─主幹教諭─指導教諭─主任教諭─教諭といったピラミッド構造ができあがっているため、学校内部でさえ上意下達的になっています。強い権限を持った川上が川下の先生を評価する仕組みになっていることもあり、上からの指示を拒むのは難しく、かつてのような裁量権を先生は持ちづらくなっています。組織の枠に収まりきらない個性派教師たちは、今や絶滅危惧種であるという声も聞こえてくるように、川上は川下の先生を統率しやすくなりました。

それでは、そんな川下が川上の思惑どおりに入念に準備をした授業とは、いったいどういったものなのでしょうか。

一言で表現すれば、それは「最も現実からかけ離れた現場」です。

私の塾の生徒が在籍する中学のあるクラスでは、タブレット端末でゲーム・SNS・YouTube を楽しむ生徒がたくさんいるという悲惨な様相を呈していますが、外部からお客様がやってくる際には一転、ICT機器を活用した見事な授業を披露します。

生徒たちは「そういう授業のときだけ、ジャージの先生がスーツになる」「いつもの授業とは全然違う」と口々に話し、そんな先生に呼応するかのように生徒自身も優等生に変身します。子は親を映す鏡という諺は、どうやら生徒と先生の間でも成立するようです。

政治家・有識者・教育委員会委員が視察している現場は、現実からかけ離れた現場になるリスクを常に孕んでいます。そのことを教育委員会は承知しているでしょうが、政治家や有識者たちに関しては、どうも心許ないというのが正直なところです。「現場を視察すると、ICT端末が有効活用されていることが分かる」といった旨の発言が見られるあたり、リスクについて十分な理解があるのか怪しいものです。

ちなみにですが、こうした発言を披露したところ、生徒たちから失笑が漏れてしまいました。大変失礼ながら、視察に来た方々を嘲笑《あざわら》ったかのようなニュアンスです。ある生徒は「作業員のふりをして授業を見に来ればいいのに」と話しましたが、実現の可能性はさておき、そのアイデア自体は私も賛成です。または、外部からお客様が訪れようとも、好き放題に振舞うレベルにまで達した学級崩壊のクラスや、そもそも通常の授業が成立しない教育困難校に足を運んでいただきたいとも思います。教育困難校とは、著しく低い学力・学習意欲や問題行為の横行により、通常の教育が困難になってしまった高校のことを指します。現在では高校だけでなく、学級崩壊が頻発している小中学校のような、大きな困難を抱えたケースに対して使われることもあります。

「教育困難校における個別最適化された学びのためにも教育へのＩＣＴ利活用を進めます」とは、ある元文部科学大臣による、自身のＳＮＳ上での発言です。教育困難校におけるＩＣＴ利活用による個別最適化された学びなど、格別に優秀な先生の存在抜きには成立するはずもなく、どういった現場感覚で川の最上流から指示を出しているのだろうかと心配になります。彼だけでなく、過去の文部科学大臣の発言をチェックしていくと、現場で何を視察しているのだろうか、官僚による大臣レク（レクチャー）以外で勉強はしないのだろうかという疑問が次から次へと湧きもします。

官邸主導に体制を改めるのであれば、それに応じた深い見識が求められるはずです。しかし、現実のそれは、現場から白眼視されるほどお粗末な水準に留まっています。ここまで紹介してきたように、川下で広く見られる現場の状況をまるで把握していない様子や、初歩的な知識の欠落が目に付く姿を見るにつけ大変残念に思いますし、改革の方向性を定める主体として不十分だとも強く感じます。それらしきことが誰でも語れる教育問題なので、勉強する必要性を感じていないのではないか、要職と見なされにくい文部科学大臣というポストを軽んじているのだろうかと勘ぐりたくもなるほど、川下は川上の思い付きレベルの政策に振り回されています。

川下から白眼視される川上の議論

教育改革と言えば、もはや思い付きレベルの発言と不可分の感さえあり、それは個別・協働の特別部会（第四回）でも健在でした。ある委員は翻訳ソフトを授業中にどんどん使うようになれば、三単現の「s」の付け忘れや、定冠詞と不定冠詞の取り違えといった些末な減点がなくなり、英語は大分よくなるかなと思うといった旨を発言していましたが、この降って湧いたような思い付きに対し、川下で英語を教える先生たちが白眼視するのは想像に難くありません。こうした英語教育のありようを巡る歴史については、『英語教育論争史』（江利川春雄著、講談社選書メチエ、二〇二二年）に詳しく記述されています。

翻訳ソフトだけでなく、同委員は自由に電卓を使えるようにすべきとも主張しています。中学校では「π」を使うから、小学校で円周率三・一四の掛け算を全くしなくても一切困らないのだそうです。数学は、GIGAスクール構想における最重要科目の一つのはずなのに、どうしてこうも計算練習が軽んじられてしまうのか不思議でなりません。作家の曽野綾子氏による「二次方程式を解かなくても生きてこられた」「二次方程式などは社会へ出て何の役にも立たないので、このようなものは追放すべきだ」という物議をかもした発言とともに、「歴史は繰り返す。一度目は悲劇として、二度目は喜劇として」という格言が思い出されます。

また、教科書WG（第七回）では別の委員から「教科書を今の3倍ぐらいにして、ある程度、先生と生徒が必要と思えるようなところをどんどん学ぶ」べきという発言も飛び出します。しかし、その論を支えるさしたる根拠が存在せず、これもまた思い付きレベルと指摘されても仕方のないものでした。とてもではありませんが、教科書が今の形になるまで積み重ねられてきた議論の経緯と、その際に論じられてきた課題等々を踏まえているようには思えません。

軽視される川上の文書

現場を把握できておらず、時として白眼視されるような言葉まで発する川上は、川下の先生方との信頼関係の構築に失敗しています。そもそも、川上が発する文書は具体性が欠けていたり、些細な伝達事項であったりすることが多々あり、現場レベルで有効・重要なものはほとんどないと認識する先生も多い。川上が川下を軽視すれば、同じように川下は川上を軽視するのです。

東京都初の、中学校の民間人校長を務めた藤原和博氏の著書『学校がウソくさい』（朝日新書、二〇二三年）には、二〇〇三年当時で毎週一〇〇枚近くの文書が教育委員会から届き、そのことを某校長に話したところ、それは一日に届く数の間違いではと返され絶句したというエピソードが紹介されています。

もちろん、この全ての文書が一人ひとりの先生に届くわけではありませんが、現場の先生方が膨大な書類に四苦八苦している様子が伝わってきます。ただでさえ役に立つとは言いがたいのに、これだけ大量に文書が送られてくれば、先生方がいい加減に処理してしまうのも仕方がありません。なかには、「私は、回覧文書は、ほとんど読まない。自分の名前にチェックだけして、すぐ次の人に回してしまう。回覧文書のほとんどは、無駄な文書だ。だから、職員会議でもきちんと提案されることもなく、回されているのである」と、かなり刺激的な言葉を発する方も見受けられます。なお、このコメントが掲載されている『策略―ブラック仕事術』（中村健一著、明治図書出版、二〇二三年）は、ブラックシリーズとして多数の書籍が出版されており、いずれも本音ベースで学校教育について語られています。

軽視されるのは、川上から降ってくる回覧文書だけではありません。法的拘束力のある学習指導要領でさえ、先生はろくに読んでいないとする本音を多数確認できます。

『子どもを「育てる」教師のチカラ No.6』（日本標準、二〇一一年七月）には、二人の現役教師と、一人の教師経験を有する大学教授による座談会が特集されています。

先生Aは「教師は、学習指導要領なんてほとんど見ませんよ。教科書会社の指導書は見ると思いますが」「ファッションと同じで、流行のようなものです。ゆとり、総合、学力向上とかね」と、随分と辛辣です。川上で長い時間をかけ練りに練って作成される学習指導要領よりも、教科書会社の指導書の方が読まれているとは皮肉な話でもあります。

先生Bは「内容は確認しますよ。悪い言葉はない。美辞麗句が並んでいる。でも、それをどうすれば子どもが学べるのか、具体的に教師は考えなくちゃいけないと思うんです」と、先生Aと比べれば控えめです。

先生Cは「学習指導要領を見て、何か影響を受ける教師を、あまり見たことがない。指導力がある教師は、何がどうなろうと、大事なところを押さえた指導をするから影響を受けない。そうじゃない教師は、新しい教科書といっても、いつもどおり淡々とやるだけ」としています。

この手の本音トークは、現場の先生方による著書を乱読していけば、自然と目にするものです。また、実際に先生と本音ベースのトークをしていれば聞こえてくる内容でもあります。

現場の声は、当事者である先生方が記述した方が適切ですので、これ以上紹介することは控えます。ただ、川上に位置する方々は、上意下達体制で得られた疑わしいデータを参考にしたり、実態とは程遠い現場になりがちな授業を視察したりするのではなくて、もっと川下の本音や建て前抜きの実情の把握に努めてほしいと思います。ここで紹介したような現場の先生方の本音が記された本を、たかが五冊程度読むだけでも議論のありようはかなり変わったと思います。川下から上がってくる、一見すると客観的なデータに目を通すだけでは何も始まりません。

近年、EBPM（エビデンスに基づく政策立案）の必要性が重視されており、それは教育政策でも例外ではありません。実際、文科省では「客観的な根拠を重視した教育政策の推進」を掲げています。川上が客観的な根拠を得るために、大量のアンケートを川下に投げてしまう事情はあるのでしょう。

しかし、率直に申し上げて筋が悪い。

“Garbage In, Garbage Out（ゴミを入れたら、ゴミが出てくる）”という言葉が、データサイエンスや社会調査等の分野で使われています。日本の社会調査のほとんどが、この類であると主張する手厳しい専門家もいらっしゃいます。そんな厳しい目線を有した専門家が、一連の議論で活用されたデータを目にしたら、いったいどれほど厳しい批判を浴びせるのだろうかとも思います。

川上と川下の信頼関係が崩れているなか、上意下達体制においてデータを取ろうとすれば、それが妥当性のないゴミ・データになる可能性は無視できない水準に達するでしょう。そしてそのゴミをもとに議論を重ねていけば、ゴミのような結論が方々に拡散するのは目に見えています。しかも、その議論そのものが、政治的な強い意志によってねじ曲がっていくのです。こんな状況でEBPMを試みても成果が期待できないばかりか、種々の弊害が生じるだけです。あれほど調査を繰り返しても、頻発する目的外利用の実態を明らかにする十分なデータが上がってこず、まともな議論がなされていないという現状は、日本の教育政策におけるEBPMの筋の悪さを物語っています。

先述したように、日本ではあらゆる側面の能力伸長を目指す全人的教育を掲げています。その実現が難しくなってきたものの、これは日本の教育の強みであるとし、令和の現代でも引き継がれています。

しかし、全人的教育のように、多面的で複雑な人間全てが教育の対象であるとき、EBPMはどこまで機能するのでしょうか。学力問題のようなEBPMと相性のよい部分だけがピックアップされ局所的な合理性の構築が試みられる一方、相性の悪い部分を含んだ全体を捉えることに失敗するように思います。相性がよさそうな学力問題でさえ、そもそも求められる学力が時代に応じて異なるため、その定義は時間とともに変遷を余儀なくされ、しかも各々の時点でもコンセンサスを得るのが難しいという難点を抱えています。

エビデンスが明示された首尾一貫したロジックは一見すると見事であるものの、その高い論理性・客観性と比例するように、複雑な物事・現象は単純化されてしまいます。単純化しないと首尾一貫した論が紡ぎにくいとも言えます。物理学であれば、小さな球体は大きさのない点（質点）として単純化してよいでしょうが、一人ひとりが大きく異なる生徒を単純化・一般化するのは難しい。日本のように全人的教育を標榜《ひょうぼう》するのであれば、その困難さはなお一層際立つことでしょう。

職務を全うすれば議論は歪む

第三者から見れば歪んだ議論でも、官僚の当事者からすれば職務を全うしているとも言えます。

国会議員は、選挙によって選ばれた国民の代表です。どの地域の小選挙区から選ばれようとも、その地域の代表ではなくて、国民の代表と見なすのが正しい。したがって、原理原則的に言えば、決断を下すのは代表者である国会議員であり、官僚では決してありません。

そうすると、官僚がするべき仕事が自ずと分かってきます。官僚は、その決断がどれほど馬鹿げたものに思えても、自身の思想信条や持論を介在させることなく、忠実に従うのが正しいわけです。「一人ひとりにタブレット端末を配布し、授業に限らず積極活用させる」という政治決断なり方針が、いかに危ういものに思えても、時には権謀術数を弄してでも実現させるのが、建て前であっても原則となります。

「ＧＩＧＡスクール構想に基づく１人１台端末の円滑な利活用に関する調査協力者会議」（第二回）では、小学校・中学校・高校を対象として実施される『利活用状況調査（抽出）概要資料（案）』について議論がなされています。ＩＣＴの利活用が上手くいっている学校を対象として実施することで、他の学校にとっての利用ガイドのようなものを作ることが目的のようです。使用頻度、場面、機能、指導状況等々が調査項目案として記載されています。

この案に対し、ある委員は調査項目に注文をつけます。先生はタブレット端末を教科指導のツールとして主に考えているかもしれないが、活用に慣れている学校では教科指導ではなく、情報共有が主目的になっているかもしれないので、果たしてどちらがメインなのかが分かるようにしようというものでした。同委員が紹介した総務省の通信利用動向調査では、民間企業によるクラウドサービスの活用は、情報共有が中心的であることが示されていたのです。

さて、それではこの注文に対し、先の原則通り仕事をするならばどうすべきか。答えは明快です。こんな注文は、聞いているふりでもして適当にあしらうしかありません。もしこの注文通りの調査を実施し、上手く活用している学校がことごとく、情報共有としての活用が主目的であると判明でもすれば、それは川上の強い意志に反するからです。この限定的な使い方がGIGAスクール構想と相容れないことは明らかであり、この注文を聞き入れるなんてとんでもない話です。

そもそも、十分な議論ができる仕組みになっていないという難点があるため、この手の注文を受け流すのは造作もないことです。

たとえば、先ほどの会議であれば委員が一三名、オブザーバーが二名、文科省の五名が参加しており、会議の時間は約二時間です。このうち、オブザーバーがそれぞれ一五分程度の時間を使って発表をするので、残された時間は実質九〇分程度になります。

また、司会役の委員による発言が多いうえに、議論の内容が発表に対する質疑応答になるケースが大概です。質問をする側と応答する側が半分ずつ時間を使うとなれば、質問をする委員たちに与えられた時間はせいぜい四〇分程度。しかも、議題は二つ程度ありますから、一つの議題に対する時間は二〇分くらいです。一三人の委員と、求めに応じ発言する文科省職員で二〇分を分配すれば、一人ひとりに与えられた時間は雀の涙ほどになってしまいます。実際、座長や座長代理を除いた、残り一一人の委員が有した各議題における発言機会は、一回あるかどうかのレベルでした。いくらクリティカルな批判を展開しようとも、それが大きく取り上げられる可能性は相当低いわけです。これでは議論というよりも、プレゼンと質疑応答でほとんどの時間が消費される、単なる発表会と考えた方が正確でしょう。

「いただいた貴重なご意見を参考にしながら、文書に反映させていただきたいと思います」等々の言葉を使って受け流したり、「重要な問題ですので、引き続き議論を継続してまいりましょう」と先送りにしたり、「大変に難しい問題についてご指摘いただきました。しかし、もはや待ったなしの改革ですので、一人ひとりが知恵を出しながら解決しましょう」といった精神論・べき論に持ち込んだりするといったテクニックを弄せば、あらゆる問題をうやむやにするのは容易という状況なのです。

誰も知らないデジタル教科書

こうして、タブレット端末の目的外利用への対処や、目的外利用によって生じる第一章・第二章で見てきた数々のリスクの増大といった重要課題は、不当なまでに軽視されてしまいます。

目的外利用への対応は喫緊《きっきん》の課題であるとともに、最低限の知識とネット・リテラシーがあれば容易かつ事前に予測できた問題です。本当に端末を適切に制限できると考えていたとすれば、GIGAスクール構想を推進する立場の人間として、あまりにも見識不足です。そうではなく、強い意志を実現するため見て見ぬふりを決め込んでいたのであれば、その不作為の罪は重いと言わざるを得ません。

改めて確認しますが、今回の議論における「強い意志＝究極の目標」とは、Society 5.0 構想のピースである、GIGAスクール構想を推進することにほかなりません。したがって、この強い意志を真っ向から否定しかねない具体的な問題は、たとえどれほど重要と思しきものでも、積極的に取り上げられません。より正確に言えば、強い意志という名の最重要事項に反している時点で、取り上げられるはずがないのです。そして、そんな重要で「具体的」な問題の数々を放置して議論が進めば、それは必然的に「具体性」を欠いたものになります。

または、現場レベルの具体的な話をしようとすれば、解決困難な課題が陸続と浮上するため、そもそもそんな議論ができないという見方もできます。タブレット端末を使いながら、適切に端末を活用できる生徒を育てるという極めて高いミッションをどう達成するのか。達成できるまでの間、どのようにタブレット端末の規制をかけつつ管理をするのか。どれほど規制をかけても突破してくる生徒たちにどう対抗するのか。不適切な使用により問題が起きたら誰が責任を取るのか。学級崩壊が起きているクラスにおいて、一部機能の制限のみでどう対応するのか等々、いくらでもあります。

これらは、今後解決が十分に見込める問題ではなく、解決できるのか疑わしい難題です。優秀な先生・生徒が集った一部の学校はさておき、これらをあらゆる学校に求めるのは無謀です。だから、具体的な話なんて川上ではできっこありませんし、まともにやればGIGAスクール構想の困難さが浮き彫りになり、たちまち強い意志に背くことになるでしょう。実際、議事録のどこをどう読んでも、具体的にデジタル教科書を駆使し、どうやって学習するのか分からずじまいです。

それもそのはずです。なにせ、議論をしている委員たちでさえ、デジタル教科書をどのように利活用すればよいのか分かっていないのです。

そんな馬鹿なと思うかもしれません。しかし、教科書WGを取りまとめる主査本人が複数回にわたって発言をしているため、これは間違いのない事実です。具体的に何を言いたいのか分からない抽象論がさんざん繰り返されるのは、十分な具体性を備えた議論が、そもそもできないからなのです。

二〇二二年一〇月三日に実施された個別・協働の特別部会（第二回）では、教科書WGの議事進行役として議論をリードした主査が、同WGでまとめた要望を以下のとおりに報告しています。

一つだけ、ここで特別部会の皆様にお伝えしておきたいのは、ワーキングでいろいろ議論していくと、結局、先ほども安井課長がおっしゃっていたように、これからの学習指導というのはどうあるべきなのかということに全て帰着する議論になってまいりました。例えばデジタル教科書の効果はどうかみたいな話が出るわけですけれども、何に対する効果かということですよね。1人で学びやすいことに対する効果なのか、協働がしやすいことに対する効果なのか、あるいは今までの授業と同じように一斉授業に適しているというタイプの効果なのか、そのいずれもか、みたいなことですね。つまり、そもそもこれからの授業がどのような形になるのかという議論なしに、教材との連携とかそういうようなことをここから先に議論していくのは、なかなか難しい現実があると主査としては感じているところです。

ＧＩＧＡの端末が全ての子供たちに配布されて、個別最適な学びと協働的な学びが一体的に充実することが求められて、そういう状況の中で授業がどのようにあればいいのかということを特別部会等で御議論をいただいて、それを受けて私たちは、またワーキングで今後、デジタル教科書や教材等がどのように連携していけばいいのかということについて、続けて議論をしてまいりたいと思っております。

（『個別最適な学びと協働的な学びの一体的な充実に向けた学校教育の在り方に関する特別部会（第2回）議事録』　https://www.mext.go.jp/b_menu/shingi/chukyo/chukyo3/087/gijiroku/mext_00001.html）

「そもそもこれからの授業がどのような形になるのかという議論なしに、教材との連携とかそういうようなことをここから先に議論していくのは、なかなか難しい現実があると主査としては感じている」とあります。デジタル教科書についての具体化を特別部会から指示されたWGが、その前に具体化すべきことがあるだろうと特別部会に突き返した格好です。

また、義務教育WG（第五回）でも「そもそも私たちがこれからの時代の資質・能力を考えたときに、どのような学習を子供たちに提供していくべきなのか、それが義務教育としてどのようにあるべきなのかということの議論がもうちょっと上流で行われるべきだというところまでがようやく私たちが今まとめたところです」とあり、やはりWGのレベルではなくて、もっと上流で具体化すべきことがあるとしています。

たしかに、そもそもどのような教育・学習指導が求められているのかが分からなければ、それらを実現するためのツールであるデジタル教科書の位置づけも分かりようがありません。しかし、本格導入の時期が迫るこのタイミングで、今さら問題視されることとなのだろうかとも思います。二〇一五年五月から「「デジタル教科書」の位置付けに関する検討会議」がスタートしており、議論開始からすでに多くの時間が経過しています。

しかし、主査が求めた授業・指導の在り方について、具体的かつ論理的に解説できる人間は、果たしてこの世に存在するのだろうかとも思います。

要望を報告した主査は、他の会議にもメンバーとして名前を連ねており、一連の議論における主要メンバーとでも言える存在です。教科書WGの主査以外にも「新しい時代の初等中等教育の在り方特別部会」の委員、「GIGAスクール構想に基づく1人1台端末の円滑な利活用に関する調査協力者会議」の座長代理、「個別・協働の特別部会」の部会長代理、「義務教育WG」の委員等を務めています。いわば、特別部会やWGが乱立するなか議論が進むという非常に分かりにくい状況のなかでも、数少ない議論の全体像を把握しうる存在です。各委員のなかには、議論の全体像を把握できていない方もいたでしょうし、実際、議事録を読む限り非常に疑わしい方もおりました。

実は、主査が求める「これからの授業の形」や「子供たちに提供すべき学習」に関しては、これまでも数多くの議論がなされてきました。ところが、それらが抽象的なレベルに留まっているため、具体的なレベルにおいては参考にならないのです。いや、正確に表現すれば、参考に「ならなかった」のです。具体的なデジタル教科書の在り方を決められなかった教科書WG自身が、身をもってそのことを証明しています。そしてそれは、現場の先生方が口々に話す「上から降ってくる文書は役に立たない」という感想と全くの同型です。

二〇二三年二月二〇日に開かれた「個別・協働の特別部会（第3回）・義務教育WG（第6回）・高校WG（第6回）合同会議」においても、授業の在り方について具体化が必要である旨の発言が主査からなされました。デジタル教科書の本格導入が約一年後に差し迫ったこの時期において、未だにデジタル教科書の具体的な活用法どころか、その位置づけさえ不明であったことが分かります。なお、二〇二三年七月現在、この状況は変わっていません。

即刻、通知を改めるべき

本章の最後に、これまでの内容を振り返りながら、これから川上が実施すべきことについて記述していきます。

まず、いの一番にやるべきは、川下の声を無視した通知の内容を改めることです。「やむを得ない事情により、一時的に端末の機能の一部を制限する必要が生じた場合には、関係者と緊密な調整を行い、保護者等の理解を得ながら実施すること」という文言および通知・議事録全体を読むと、学級崩壊が生じたときでさえも、タブレット端末は「一時的に機能の一部を制限」するに留め、禁止せずに使用させるよう学校現場に求めていることになります。

こうした非現実的な通知に従わず、生徒にはほとんど使わせていない学校も存在しています。学級崩壊や、それに準じる状態のクラスがあちこちで確認できる学校において、通知の無視は当然の方針でしょう。川上には「制限なく使用している」と虚偽の報告をしているのか、何らかの策を弄しているのか、はたまたシンプルに無視しているのかは定かではありませんが、いずれにしても生徒を第一に考えた行動だと思います。

序章でも述べたように、私が最も危惧しているのは、川上からの圧力がどんどん強まることで川下が屈してしまい、問題を承知のうえでタブレット端末を自由に使わせてしまうというケースです。

授業中や休み時間中、好き放題にタブレット端末で生徒は遊び続けるものの、管理は極めて難しいため指導を断念し、先生は見て見ぬふりをする。表面上は上からの命令に応じつつも、実のところ生徒の管理監督を放棄することで業務量が縮減できる先生と、タブレット端末で遊び倒せる生徒との間に、歪なwin-winの関係が形成され状況が安定してしまう。結果、家庭・学校で四六時中タブレット端末やスマホを使用する生徒が続出し、種々の深刻な問題が生じてしまう。しかも、こうした異常事態が外部に露見しにくい条件が揃っているため、隠しきれないほど問題が悪化するまで放置され続ける——。この最悪のケースを突き進んでいると思しき学校現場が、私の周囲だけでも複数確認できます。「一時的に機能の一部を制限」するのではなくて、目的外利用が常態化し学習に支障が生じているような状況においては「タブレット端末の利用を禁ずることができる」といった内容に通知を改めるべきです。

川下からの進言

一方、中・長期的には、毒の発生源である川上、つまり最上流に位置する官邸主導の在り方を変えることが必須です。

ただ、本節で記すことは、官邸に対する批判ではなくて進言だとお考えください。つまり、官邸主導の教育政策を実現するにあたり有益な情報を、川下からご忠告申し上げるということです。

高大接続改革とＧＩＧＡスクール構想が失敗した主因は、残念ながら現実離れした理想を川下に押し付けた官邸にあります。

理想を叶えたいという熱い思いがあり、それを実現すべく上意下達的に強い意志を示すのだという気持ちは分かりますが、川下の実態を把握せず強引に実施したところで成果が生まれないのは、過去二回の失敗が十分に実証しています。そして失敗すれば、官邸が実現したかった理想は、ほぼ何も実を結ばなかったことになりますが、これは本当に官邸主導と言えるのでしょうか。官邸が主導したかった理想が全く実現しないという意味では、教育政策に関し、最も官邸主導から遠い状態にあるようにさえ思います。

ＧＩＧＡスクール構想が、令和の公害問題に発展するリスクを孕む今、「政治家は歴史の法廷の被告である」という中曽根康弘元首相が遺した言葉の意味をかみしめ、同構想をどのように決着させるべきなのか、真剣に考える時期に来ています。そして、そんなリスクを生み出してしまった教育政策における官邸主導の在り方について、根本的な見直しを図るべきです。

そのなかでも、不当なまでに川下を軽視するという姿勢は、最優先に見直す必要があります。記述式問題を共通テストに導入する、一人一台のタブレット端末を自由に使わせるという方針は、川下が見れば即座に危険なものであると断じられるほど、現実的には考えにくいものです。同じ過ちを繰り返さないためにも、川下の意見にもっと耳を傾けることを強く推奨します。

まず、その際に注意が必要なのは、官僚が提示するデータについてです。率直に申し上げて、各レイヤー（階層）における忖度《そんたく》・誤魔化しによりデータの妥当性が損なわれるため、川下から川上に遡上してくる調査結果は疑わしいものが多く、あまり参考になりません。教育の世界における上意下達体制には多くの問題があるため、この傾向はしばらく続くものと推察されます。

また、データに関して言えば、EBPMにも注意が必要です。いくら重要だとはいっても、あらゆる解決策を提示してくれる魔法のステッキではなく、そこには欠陥もあります。

たとえば、第一章で記した子どもたちとネットの関係性についてです。GIGAスクール構想の副作用を考えるにあたり、最低限知るべきことを記したつもりですが、これらを妥当性・信頼性が十分なデータとして表現するのは相当難しいと思います。EBPMの実態を見誤り神聖視すれば、妥当性・信頼性のあるデータが取れない部分について、ほっかむりをしてしまうリスクが高くなり、結果として全体像を捉え損ねてしまいます。

データが取れない部分については、川下で働く先生方の本音が記された書籍や、子どもたちのリアルな今が報告されたルポ等を可能な限り読むという、シンプルかつ有効な手段があります。有識者や当事者を呼んで勉強会を開くというスタイルも見受けられますが、受験産業に身を置く人間として申し上げると、基本的な知識が欠落した状態で勉強会に参加しても効果は見込めず、大変に効率の悪い学習になることが大概です。

基本的な知識なきまま、有識者や他参加者と議論をしても実りがないばかりか、参加者間でトンチンカンなコンセンサスが形成されかねず有害です。基礎・基本が記された書籍を何度も読むことで、本に記載された知識を、自分の言葉で使用できるようになることを推奨いたします。また、本書において複数回にわたりなされた記述については、それだけ何度も読んでいただきたい重要なことだとお考えください。重要性の高さと繰り返しの回数は、意図的に比例させています。

もちろん、書籍だけでなく、実際に当事者をお呼びして意見を聞くのもよいと思います。審議会で具体的な議論を始める前の段階で、官邸が示す方向性と現実のギャップを埋めるという作業は非常に重要であり、書籍を読むだけでは足らないと思います。

ただし、上意下達体制に組み込まれた校長や現役教員の場合、その最上流に位置する官邸からの聞き取りに際して、本音を吐露するとは全く限りません。したがって、元教員のような、しがらみがなく、しかも川下についてよく知る人たちに対しても、官邸が考える方針なり決断について、可能な限りたくさんの意見を聞くことを強く推奨します。

ここでの目的は、官邸が描く理想と川下の現実とのギャップを埋めることにあります。したがって、この段階において真に耳を傾けるべき相手は、教育学者や素晴らしい教育実践をしてきた人々ではありません。

彼らの意見を聞くこともあるでしょうし、それはそれで重要だとは思います。しかし、人選と聞き方を間違えると、あっという間に官邸主導は暗礁に乗り上げます。

教育学者のなかの一部には、科学者というよりも思想家と表現すべき方々がいらっしゃいます。「科学的に導かれた結論は仮説であり、その結論には暫定的な正しさしかない」という自覚が科学には求められるはずが、自身が有する教育的な理想・信念を絶対視するのみならず、それらは科学的な裏付けのある真実だと考えてしまう人たちがいるのです。

たとえば、人間には反省・修正する能力が備わっているという前提があったとします。無論、これは特定の価値観を反映した教育思想・理念の類にほかなりませんし、誰か特定の教育学者の前提を拝借したわけでもありません。あくまでも思考実験です。

この前提から論を積み上げていけば、タブレット端末を自由に使わせトラブルが起きたとしても、その度に生徒は反省・修正をするため、積極的に使えば使うほど適切な利用ができるという結論が導けます。

ここで、その結論に反する現実が現れたとします。タブレット端末で授業中・休み時間中に遊び倒す生徒が続出し、しかも一向に反省・修正する気配がないという状況です。

もし前提で考えた結論はあくまでも仮説であると見なせていれば、自説に疑いの眼差しを向け、その撤回・修正の検討が始まるでしょうが、一部の教育学者は決してそんなことはしません。驚くべきことに、間違っているのは自説ではなくて現実であると見なすからです。必然的に、修正の対象もまた、自説ではなく現実になります。具体的な解決策を示すことなく、現実と対峙する川下に無理のある指示を下すことで、誤った現実の修正を彼らは試みるでしょう。

高い志を持つ熱心な教育実践者についても、同様に注意が必要です。彼らは、日本の教育を下支えしている素晴らしい存在であるものの、今回の件に関して言えば、それ故に問題も生じうるからです。

やや極端なたとえですが、彼らに意見を求めるということは、一般的な野球選手や野球という競技の実態を知るために、大谷翔平選手やイチロー選手に意見を求めるようなものです。彼らのような、素晴らしいプレイヤーに意見を聞きたくなるのも分かりますが、一般的な野球選手や野球という競技の姿を、果たして彼らから聞き取ることができるのでしょうか。理想と現実のギャップを埋めるという目的においては、スタープレイヤーではなくて、普通のプレイヤーに意見を求めた方が適切です。

また、素晴らしい教育実践者のなかには、特定の教育思想に人生を賭けたかのような方々も見られ、その姿・熱心さは信徒と表現して差し支えないほどです（念のため記しておくと、信徒という言葉には尊敬の念こそあれども、ネガティブなニュアンスは全くありません）。以前お会いしたフリースクールの運営者は、私財をなげうったうえに、多額の借金までして運営を継続する一方、そんなことはおくびにも出さず明朗快活に子どもたちと接しておられ感銘を受けました。直接お会いしてはいませんが、有名な教育実践者のなかにも同じような方がいらっしゃいますし、信徒の名のとおり全身全霊で困難に立ち向かい、時には奇跡的な教育効果を生み出す方々がいることも存じています。

しかし、だからこそ彼らは、理想主義的な考えに傾きがちです。理想を胸に努力を重ね、結果を出してきたのですから当然です。彼らから聞き取りをすれば、理想と現実のギャップを埋めるどころか、さらに現実離れした改革案にドライブがかかりかねません。「教育はかくあるべき」という、ドグマにも似た信念を胸に難題に立ち向かう彼らと、一人の労働者としての自意識を持ちつつある先生との間には、埋めることのできないほどの大きな溝があります。

先生は聖職者であり、いつ何時でも先生であり続け、全人的教育に心血を注ぐべしといった考えは消えつつあるどころか、今や過剰労働の一因として問題視されています。そんななか、先生たちに多大な努力を強いるような方針は悪手です。たとえば、一方向に知識を伝達する授業ではなくて、ICT端末を活用しつつ、ファシリテーターとして臨機応変な指導をすべきであり、そのために意識改革を求めるというものです。聖職者たる先生であれば、この難題にも立ち向かうかもしれませんが、そんな先生がこれから減っていくのは明らかでしょう。

そうではなくて、議事録でも見られたように「指導書というものを、ある意味、写経し、朗読するという授業」が多くの先生方の実態ならば、それを踏まえた教育政策を考えないと絵に描いた餅になり、せっかくの政策も形骸化するように思います。

今、川上が意識的に耳を傾けるべきは、こうした口にしにくい川下の実態を語ってくれる、勇気ある人々の言葉です。素晴らしい理想や実践は、自ずと川上に遡上しますので、そうしたものを意図して知る必要はありません。それどころか、幾分か割り引いて聞いた方がよいでしょう。

官邸が改革・構想の方針を決めた後、それらを具体化するための審議会でも、いろいろと留意することがあります。なお、当然ながら審議会は文部科学省に置かれますので、ここからは同省への進言にもなります。ただし、現下においては、官邸が文科省に直接・間接的に力を及ぼすと考えられるため、継続して官邸への進言でもあり続けることにご留意ください。

まず、各会議を取りまとめるリーダー役の人選です。上意下達的に話を進めるのであれば、官邸の考えに適合的な識者を選んだ方がよいように思いますし、実際にそうしているものと推察します。

しかし、高大接続改革・GIGAスクール構想の議事録を読む限り、そういった人事は逆効果です。大きな問題があり、このまま突き進むと頓挫するような状況では、勇気ある撤退や修正が官邸にとっても利益になるはずなのに、彼らはそれができないからです。彼らからすれば、この案を進めることが自身の教育思想の実現に繋がるのですから、撤退や修正を決断する理由がありません。

官邸主導の教育政策が、理想論的になるが故に失敗しがちであることも鑑みれば、各会議のリーダー役は、その理想に対し中立的であり、忖度とは無縁の有識者が適切だと考えます。そしてそれは、教育学者に限る必要性はありません。官邸の案が非現実的だと判断され次第、その案を突き返せるような人物が望ましいと思います。

このことに関し、デジタル教科書についての具体化を特別部会から指示された教科書WGが、その前に具体化すべきことがあるだろうと特別部会に突き返した件が参考になります。水が上から下に一方的に流れ、大きな問題が川下に溜まってしまうのであれば、川下から川上に遡上できる水路を確保すればよいわけです。官邸は、自らの案が川下から突き返されることを歓迎し、それが官邸にとっても利益になること、求めているものであることを川下に強調すべきです。

一方、歓迎の意志を表明しても、肝心の問題点がチェックできなくては仕方がありません。実際、議論で使用されたデータ及びその解釈のなかには、明らかに難のあるものが混ざっていましたが、それらが指摘されることなく議論が流れていきました。各会議に、社会調査等の専門家を配置することで、こうした難点のあるデータの取り扱いについてチェックしてもらうことを提案します。

ただし、どれほど腕利きの専門家でも、決して完全ではないことに注意する必要があります。義務教育WG（第一回）では、不登校特例校で校長を務める黒沢正明氏が、日本財団による『不登校傾向にある子どもの実態調査』の結果について疑義を呈しています。同調査では、中学生が学校に行きたくない理由として「疲れる」と回答している生徒が多いものの、この回答を文字通り受け取るのは危険であるとしています。

黒沢氏によれば「疲れたので休みますというのは、理由にしやすい」のだそうです。つまり、本当の理由は別にあるのだけれども、それを何らかの理由により話したくない／表現することができないため「疲れたので休みます」と伝えてくるケースが、現場レベルで多いと同氏は感じているわけです。もしそうであるならば、指摘のように「疲れる」との回答を額面通り受け取るわけにはいきません。

この件も示唆するように、もっと多くの川下の実情を知る人々が委員にいなくては、どれほど緻密に議論を展開しても限界があります。強い意志により川上の主張が非常に強く働く一方、必然的に川下の声が不当に軽視されてきた経緯も考えると、川下側の人間は全く足りていません。

川下について、もう一つ記述したいことがあります。ここからは、財界人や審議会に参加する学者の方々に対する進言でもあります。

まずシンプルに、皆さんの周囲には優秀な人材が溢れていますし、皆さん自身が競争に勝ち抜いてきた選りすぐりの人物です。

たとえば、財界人の多くは大企業の出世争いを勝ち抜いた方々であり、そして出世するほどに、共に仕事をするメンバーは粒ぞろいになっていったと推察します。

ただでさえ、大企業に入社できる社員の多くは、難関大学出身者のなかの優秀層のはずです。そうなると、財界人が日常的に接している、社内で一定の評価を受けてきた社員は、優秀層のなかの優秀層であり、その能力は卓抜していると考えるのが自然です。

話は変わりますが、「普通」という言葉は難しいなと、近頃つくづく感じることがあります。

休憩時間中、塾の生徒と雑談をしていたときのことです。最近、クラスはどうですかと、ある女子生徒に話を振ってみたところ、「なんか、最近はずっと平和です」と返事がありました。荒れていなくてよかったなと思いつつ、会話は弾んでいきます。

ところが、その内容がどうもおかしい。「クラスの三分の一くらいは授業中にタブレットで遊んでて、隣の男子はずっとゲームしてます」などと話すのです。先生が目的外利用の指導を、半ば放棄していることも併せて考えれば、平和どころか学級崩壊の範疇に片足くらい突っ込んでいるようにも思えます。

違和感を覚えた私は、クラスは荒れているのではと質問をするものの、当の本人は、そんな感覚は全くないようです。

この生徒が、タブレット端末で遊び惚けている当事者だから、こんな感想が漏れるのではありません。それどころか、彼女は成績優秀な優等生です。ヤンキー気質のある生徒なら分かりますが、傍から見れば荒れているクラスを、真顔で平和であると語る優等生に違和感を禁じ得ません。

しかし、この違和感に対する答えは極めてシンプルです。

彼女が過ごすクラスでは、こうした状況は一年以上続いているため、それがもう日常であり、何ら驚くべきことではないからです。もっと荒れている隣のクラスと比較すれば、彼女の話すとおり平穏でさえあります。その言葉に嘘偽りはなく、たしかに隣のクラスと比べれば「平和」なのです。

この件に関し、また別の学校に通う優秀な中学生が「あの時、荒れていたんだなって、今になって気付きました」と、印象的なことを話していました。彼女が小学生の頃、本書で紹介してきた数々の目的外利用をさらに超える、かなりマズイ使い方をしている男子たちがいて、クラスは荒れ果てていたのです。環境が変わったことで、その当時の異常さに彼女はようやく気付けたのでしょう。「普通」とは相対的なものであり、周囲の環境によって、その内容はいかようにも変わるという、当然だけど忘れがちな事実を再認識させられます。

レベルの違いはあれども、財界人・学者・官僚が陥りがちな落とし穴は、これと似たようなものだと考えます。あまりにも優秀な人材に囲まれ仕事を続けるうちに、「卓抜」が「普通」に変質してはいないでしょうか。

ごく平凡な公立中学校であれば、難関大学↓大企業↓一定レベルの出世というルートを辿ることのできる生徒は、ほんの一握りしかいないことは自明です。学者・官僚の世界も似たようなものでしょう。川下から眺めると、川上にいる人々はあまりにも優秀なのです。

だから、川上から発せられる改革案や提言を読むと、どういった「普通」の生徒と先生を想定されているのだろうかと、度々感じてしまいます。川下が考える普通の生徒に対して、要求することがあまりにも高度すぎるのです。川上の方々には、まずもって「普通」のレベルを下げることが重要であり、そのことを念頭に置いて川下の実態を把握していただきたいと思います。

その他、時間に比して議題・委員が多すぎるため十分な議論ができていない会議や、川上と川下の間における信頼関係の問題等々、提案すべきことは多々ありますが、特に重要なことに絞って記せば、進言は以上のとおりになります。

国会議員が多忙を極めていることは、多少なりとも承知しているつもりです。地方選出の議員が金曜の夜に地元に帰って各地を歩き回り、そして火曜の朝に永田町に戻ってくるという「金帰火来」が健在であることが象徴するように、きちんと勉強する時間が確保できないという本音もあると思います。だから、この進言も現実の政治を考えれば非現実的だとする論もあるでしょう。

しかし、もしそうだとしたら、残念ながら非現実的なのは進言の内容ではなく、官邸主導の方ではないでしょうか。ここで国会議員に求めた内容はいずれも基本的なものであり、こんなものでは生ぬるい・甘いと矢が飛んできそうなものです。これさえできないのであれば、国会議員に深い見識が求められる官邸主導は、まともに機能するはずがないと思います。

教育政策はとにかく語りやすいため、ある意味では官邸主導が非常にしやすそうに見える分野です。忙しくて勉強時間が確保できない国会議員にとって、大胆かつ具体的な改革案を、官邸主導で提示しやすい領域でさえあります。そしてだからこそ、高大接続改革とGIGAスクール構想は、あまりにも川下の様子や基本的なことを知ることなく、杜撰《ずさん》に事が進んでしまったのでしょう。

官僚主導の限界・弊害を考えると、官邸主導が秘める可能性は大変魅力的に感じます。その可能性を引き出すためにも、これまで官邸が主導してきた教育政策・改革について、しっかりとした検証をしてみてはいかがでしょうか。

最後に、改めて進言します。

ＧＩＧＡスクール構想は成否の分水嶺《ぶんすいれい》に立たされているのではなくて、いつ・誰が爆弾を処理するのかという段階に来ています。思うようにタブレット端末を活用しない学校に対し、意固地になってより強く圧力をかければ、さらに勢いよく川下に毒が流れることでしょう。

「はじめに」で紹介したように、オランダ政府は、教室内におけるタブレット端末の使用を禁止する方針を発表しました。これを奇貨とし、日本でもタブレット端末の使用にブレーキをかけることができれば、令和の公害問題に発展するリスクを最小化できるはずです。

「政治家は歴史の法廷の被告である」という言葉を胸に刻んだうえで、懸命な判断をしていただきますよう、川下の川底から切に願います。

おわりに

拙著『だから、２０２０年大学入試改革は失敗する』（共栄書房、二〇一七年）の出版をＳＮＳにて報告したところ、宮川先輩から返信が寄せられました。その文面をざっと確認すると、困惑の色がにじんでいるように思われました。

無理もありません。宮川先輩こと宮川典子氏は、「『教育』で日本を建て直す」という人生を賭けた目標を掲げ、教師から衆議院議員に転身し、念願の文部科学大臣政務官に就任したばかりだったからです。後輩による、まるで喧嘩を売るような書名にネガティブな感情を抱くのは致し方がありません。

ところが、しばらくして改めて文面を確認してみると、そこにあったはずの困惑の色は跡形もなく消えていました。それどころか、全面的に祝福をするメッセージに様変わりしていたのです。

苦渋に満ちた文面は私の見間違いだったのか、それとも宮川先輩が修正した結果だったのか、今となっては知る由もありません。乳がんを患い、二〇一六年から闘病生活を続けていた宮川先輩は、二〇一九年に鬼籍に入られたからです。四〇歳でした。

どうしてか、あの祝福のメッセージが、この原稿を書いている最中、そして書き終えた今、幾度となく思い出されました。おそらく、自身と対立する立場の後輩にさえ心からの祝福をし、そして成長を願うその姿が、代議士のそれではなく、先生の姿そのものだったからだと思います。

野田聖子議員による追悼演説には、代議士になってからも先生であり続けた宮川先輩の姿が垣間見えるエピソードが紹介されています。

ある日、授業で教科書を出そうともしない野球部の生徒たちを注意したところ、野球部だから野球だけをしていればいいんだと、彼らが野球道具一式をどんと机の上に置いたことがありました。典子さんは敢然と道具一式を窓から放り投げるという挙に出られたそうです。道具を投げられた生徒たちはもちろん、他の先生方も随分驚いたことでしょう。しかし、典子さんは、生徒たち自身が間違いに気づき、そしてみずから解決してくれるものと信じていたのです。

その対決の後、大の仲よしとなった元生徒たちから誘われ、国会議員になられてからも一緒にスタンドで高校野球の応援をしていたそうですね。その際、周囲の観客たちへ自慢の教え子だと紹介していることに、厳しくも深い愛情を持って子供たちに向かい合おうと心がけていた典子さんの姿勢がしのばれます。

(『第200回国会　本会議　第7号　会議録』二〇一九年一一月　https://www.shugiin.go.jp/internet/itdb_kaigiroku.nsf/html/kaigiroku/000120020191112007.htm)


宮川先輩は、常に先生であり続けました。二四時間、教師は教師たるべきという信念があったのだと思います。もしくは、そんな信念を持つ必要がないほど、生来からの先生であったのかもしれません。

その一方、これは現代においては、人一倍の体力と精神力、そして生徒を大切に思う心を持った宮川先輩だから可能な指導だったようにも思います。

ご承知のとおり、近年においては学校の先生方の業務量が膨大に増えています。そんななか、宮川先輩のように体当たりで生徒にぶつかり、常に生徒のために生きる困難さは容易に想像がつきます。生徒に向かい合う前に、膨大な仕事量に心身を削り取られてしまうからです。

宮川先輩は、たとえ削り取られたとしても、先生として生徒と全力で向き合い続けたのでしょう。文部科学大臣政務官として仕事に邁進するなかにあっても、視線の先には生徒がいたに違いありませんし、その情熱的な姿は多くの人々に深い感銘を与えるものでした。きっと、宮川先輩と同じような素晴らしい先生方が、今日も教育現場で奔走し、数々の素晴らしい教育を実践しているのだと思います。

しかし、こうした姿勢を美談として片づけるべきではありません。情熱が溢れる優秀な先生であればあるほど、より早く心身を摩耗させる仕組みを、美談が覆い隠しかねないからです。そのうえ、川上によるトンチンカンな理想論に対し、川下に位置する優秀な先生が身を粉にして応えてしまったことが、川上が現実を見誤り続ける一因になったという皮肉で悲しい構図さえ見て取れるからです。

こうした教育を巡る本質的な課題について、宮川先輩は以前から警鐘を鳴らしていました。そしてそれは、本書のテーマであるデジタル教科書についても言及が及んでいます。遺作となった『漂流しはじめた日本の教育――教育現場のデジタル化は誰のため？』では、デジタル教科書への批判を展開しながら次のように記述しています。

教育行政においては、いいものを取り入れる素早さも必要です。しかし、決して忘れてはいけないのは、それが本当に学びにとってどういう位置づけになっていくのかということを、ちゃんと議論した上で、導入を検討しなければいけません。

デジタル教科書の導入で授業のあり方が大幅に変わると予測できるなら、それだけに慎重に検証すべき分野であるはずです。

（宮川典子著『漂流しはじめた日本の教育——教育現場のデジタル化は誰のため？』ポプラ新書、二〇一三年）

デジタル教科書が「学びにとってどういう位置づけになっていくのかということを、ちゃんと議論した上で、導入を検討しなければいけません」とあります。あまりにも当然の話です。

しかし、この遺作が世に出てから約一〇年が経過した今も、デジタル教科書の位置づけは定まっていません。それどころか、デジタル教科書の位置づけを「ちゃんと議論した上で、導入を検討」するのではなく、導入が決定してから議論が始まったうえに、本格導入が間近に迫った今でさえ在り方が決まらないというありさまです。宮川先輩がご存命ならば、今日の体たらくをどれだけ嘆いたことでしょうか。

さて、そのデジタル教科書の位置づけを決める前段階としての「ちゃんとした議論」ですが、初等中等教育分科会にデジタル学習基盤特別委員会が設置され、ようやく話が始まろうとしています。

二〇二三年九月現在、確認ができる第一回議事録・配布資料を読んでみると、学習とはそもそも何であるかという話から、これまでの各論とは違った総論について、今後議論がなされていくようです。

今回、デジタル学習基盤という言葉がとても私は画期的かと思っています。逆に言えば、これまで150年やってきた学習基盤がどのようなものだったのかということを、総ざらいで徹底的に問い直すことが大事かと思っています。それはどんなものだったのか、望ましいのか、いや、それしかなかったから仕方なくやっただけで本当は良くなかったのか、その辺りのことを新たな選択肢としてのデジタル学習基盤が登場したことによって問い直していく、それが藤村先生もおっしゃった、何のためにデジタルを使うのかということにも返っていくかと思います。

(『デジタル学習基盤特別委員会(第1回)議事録』 https://www.mext.go.jp/b_menu/shingi/chukyo/chukyo3/093/gijiroku/mext_01515.html)

本格導入まで一年を切ったこのタイミングで、このレベルのそもそも論を開始してよいのだろうか、「何のためにデジタルを使うのか」という問いが今の今まで明確ではなかったとはどういうことなのか、といった数々の疑問が改めて脳裏をよぎりますが、とりあえず脇に置いておきます。それよりも気になったのが、未だに妥当性のないゴミのようなデータが資料として添付されていて、しかもそれを誰も指摘しなかったことです。

同会議では資料『ＧＩＧＡスクール構想の現状について』が配布のうえ概説されており、そこには文部科学省が全国の公立小・中学校長二万八〇三四人を対象に実施した調査結果が記載されています。そのなかでも特に気になったのが、「児童生徒が授業や学習とは関係のない目的で端末を利用している」とする問に対し、「とてもそう思う」が小学校で四・二%、中学校で四・九%であり、「そう思う」が小学校で二五・四%、中学校で二九・一%だったとする調査結果です。

しかし、これは目的外利用の実態を把握するにあたり、ほとんど役に立ちません。

いや、役に立たないだけならよいのですが、"Garbage In, Garbage Out（ゴミを入れたら、ゴミが出てくる）"の格言よろしく、議論をミスリードさせるものであり有害です。

何度も強調してきたことですが、この上意下達体制において調査をすること自体が、データの妥当性を損ねる一因になっています。そして調査結果が実態と乖離《かいり》してしまう理由は、いじめ問題に関する報道でもよく取り上げられており、それは教育改革を主導する政治家や会議に参加している委員たちも知っているはずです。正直に報告すると業務がさらにひっ迫すること、自身の評価が下がりかねないこと、報告しても適切な助言が期待できないためメリットがないこと等々、その原因として指摘されていることの一つや二つ、聞いたことがあるはずです。いじめをなくせ、労働時間を減らせ、タブレット端末を自由に使わせて効果的な授業をしろといった無理難題を川上が川下に押し付ければ、これらの命令を達成したかのように見せかけるインセンティブが川下に生じるのは必定です。どうして上意下達体制における調査について異議を唱えないのかと思います。ちなみにですが、労働時間を減らせと命じられるものの不可能なので、仕方なく勤務時間を捏造しているという現場の本音を、すでに私は耳にしています。

先述したタブレット端末の目的外利用に関するアンケートの場合だと、三重にわたる誤魔化し／忖度のフィルターが存在します。

まず、そもそも現場で教えている先生でさえ、生徒の目的外利用を発見するのは容易ではありません。先生に摘発されるのは脇が甘い生徒であって氷山の一角です。それを適切に管理するのが先生の仕事だろうとする主張も分かりますが、生徒による誤魔化しのテクニックが高度化していき、しかも日々の業務に先生が忙殺されるなか、その主張はさすがに過剰要求でしょう。そしてこの先生が把握する氷山の一角でさえ、学校組織内の最上流に位置する校長にきちんと報告されるのか疑わしいですし、それと同様の理由により校長から文科省への報告にも疑義が生じます。

こんな欠陥だらけのデータを用いてEBPMを重視しても意味がありません。妥当性がないことを承知のうえでEBPMのためにデータを集めているとすれば、それはもはや本末転倒というよりも落語の世界です。

自然科学における実験とは異なり、さまざまな制約のある社会調査において質の高いデータを集めるのが難しいのは分かります。完ぺきなレベルを求めると何も調査ができず、データを収集できなくなるという事情も承知しています。しかし、それにしても度が過ぎるのではないでしょうか。こんな、それらしく装われたゴミ・データを前提として議論をするくらいなら、たとえ一部の人々による意見だとしても、上意下達体制の外から聞こえてくる現場の声に耳を傾けた方がずっとマシです。学校における働き方改革を後押しした「#教師のバトン」の炎上騒動が、SNSという上意下達体制からは外れた場所で起きたことが示唆するように、まずはこの体制の外に出ることが何よりも大切です。この体制のなかで何をやっても、浮世離れした官邸主導の考えや忖度によって歪められるのがオチです。

現場から寄せられる苦情を知るという意味では、東京新聞の「子育て」「育児」に関するウェブサイト「東京すくすく」に掲載された記事『学校の1人1台タブレットで動画やゲーム…家庭でどう管理？ 戸惑う親　世田谷区は「あえて制限少なめ」自治体で分かれる対応』（二〇二一年五月二九日、朝刊）のコメント欄が参考になるかもしれません。特定のサイトにおけるコメント欄で現場を把握するという行為は全く推奨できませんが、美しい教育現場ばかりが水面に映る川上に位置する方々であれば、ショック療法という意味では有効でしょう。少なくとも、川上に遡上する情報に疑いを持つ契機にはなるはずです。

「自分で中毒を認めています。取り上げると暴れます。女子です。害しかありません。本当にタブレット教育辞めて下さい」「小6の兄の方は勉強に活用できているようですが、小3の弟はもうタブレット中毒です。何度注意してもやめられず、ずっとやっています。宿題中でもタブレットを広げて遊びながらやっていて、取り上げるとキレて大暴れ」「世田谷区です。とても困っています。制限がかけられないのは区や学校の方針がないから、子供たちのことを思ってのことではないと思います。突然渡され、おもちゃが来たと大喜び。全く学校で活用されず、自宅でyoutubeを見る機械になっている低学年には不要です」「学校ではみんなサイトブロック解除法を知り『ヤンデックス』というウェブオンラインゲームを授業中やってます」

「わたしは、小学六年生です。クラスで、三分の一ほどが、授業中にゲームをしたり、YouTube をみたりしています」「制限のためのフィルターがいくつか設けられているようですが、どういうわけか動画（Youtube やニコニコ動画）や性的なサイトに入れてしまうようで、学校の昼休みに先生が教室から出ていったらみんなしてそんなサイトにアクセスしては遊んでいます」といったコメントの数々を確認していくと、何かの拍子に令和の公害問題として国を訴える人々が出てきそうな雰囲気さえ感じますし、こうした声を実際に保護者や生徒から耳にしている私としては、訴訟という未来が現実的に想像できるものでもあります。川上の人々は、この件に関してもっと危機感を持つべきです。

コメント欄には、効果的な学習のために、もっとタブレット端末の規制を緩くしてほしいと考える子どもからの書き込みも確認できます。自由に使わせるべきという考えを持っている先生や子どもたちだって、当たり前ですが存在しています。しかし、そうした人々の声ばかりを拾い上げてきた結果が、今日の惨状を招いたのではないでしょうか。私の目には、臭いものに蓋をして、強引にＧＩＧＡスクール構想を突き進もうとしているようにしか見えないのです。

先述したオランダだけでなく、デジタル教育の見直しがヨーロッパ諸国で始まっている今、臭いものに蓋をしても早晩、限界が来ます。欧米諸国の取り組みを是とし追従しがちな日本において、この流れの持つ意味は大きいからです。イギリス大手紙のガーディアンの記事「Switching off: Sweden says back-to-basics schooling works on paper」によれば、デジタル教育の先進国とされるスウェーデンにおいても、幼稚園におけるデジタルデバイスの義務化を撤回し、六歳未満のデジタル学習を終了させる見通しのようです。

デジタル教育について慎重になりだしたデジタル先進国の振舞いを、本格導入を前に手本とできるのは、デジタル後進国・日本が持つ大きな利点です。GIGAスクール構想を推進するという目的を掲げる方々にとっても、ここで一度ブレーキをかけた方が得策に思えるのは私だけでしょうか。

【著者】
物江潤（ものえ じゅん）
1985年、福島県生まれ。早稲田大学理工学部社会環境工学科卒。東北電力、松下政経塾を経て、現在は福島市で塾を経営する傍ら社会批評を中心に執筆活動に取り組む。著書に『入試改革はなぜ狂って見えるか』（ちくま新書）、『ネトウヨとパヨク』『空気が支配する国』『デマ・陰謀論・カルト』（以上、新潮新書）など。

平凡社新書１０４７

デジタル教育という幻想
GIGAスクール構想の過ち

発行日——2023年12月15日　初版第１刷

著者——物江潤
発行者——下中順平
発行所——株式会社平凡社
〒101-0051　東京都千代田区神田神保町3-29
電話　(03) 3230-6573［営業］
ホームページ　https://www.heibonsha.co.jp/
印刷・製本—株式会社東京印書館
ＤＴＰ——株式会社平凡社地図出版
装幀——菊地信義

ISBN978-4-582-86047-4